Stefanie Braun

Abwechselungsreiche Diät bei Migräne

Die Autoren

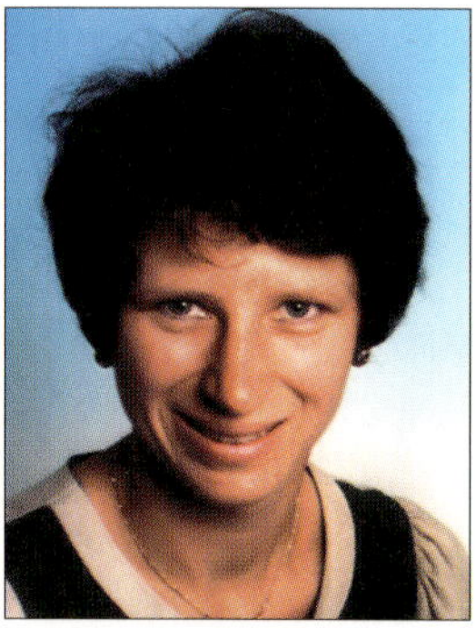

Stefanie Braun ist Diplom-Ökotrophologin mit Zusatzqualifikationen in der Ernährungsberatung. In Ihrer Praxis bietet Sie Einzel- und Gruppenberatung für Patienten mit ernährungsabhängigen Krankheiten, unter anderem Migräniker, an. Daneben arbeitet Sie als Fachjournalistin. Sie hält Vorträge und Seminare zu ernährungswissenschaftlichen Themen und ist – zusammen mit Partnern aus anderen Fachgebieten – im Bereich betrieblicher Vorsorge tätig.

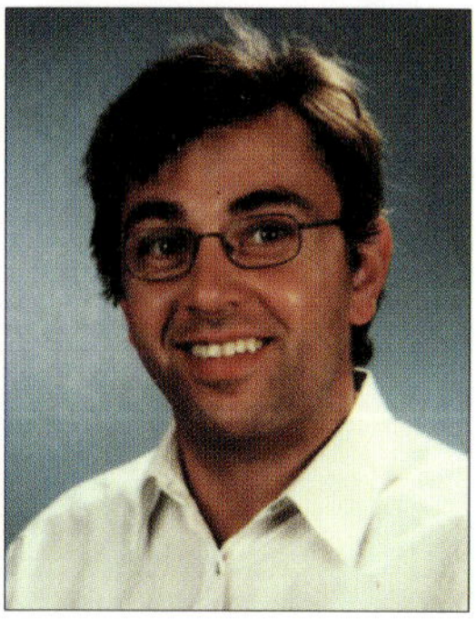

Johann Amberger ist als Diätassistent an der Paracelsus-Klinik in München tätig. Vorher arbeitete er am Krankenhaus für Naturheilweisen München und an der Ludwig-Maximilians-Universitätsklinik München. Er interessiert sich besonders für ganzheitliche Heilungsmethoden.

Stefanie Braun

Abwechslungsreiche Diät bei MIGRÄNE

Unter Mitarbeit von
Hans Amberger

TRIAS

Die Deutsche Bibliothek – CIP-Einheitsaufnahme
Ein Titeldatensatz für diese Publikation ist bei
Der Deutschen Bibliothek erhältlich.

Dieses Buch wurde in der neuen deutschen Rechtschreibung verfasst.
Gedruckt auf chlorfrei gebleichtem Papier.

Konzeption und Projektleitung: Werner Waldmann
Redaktion: Elisabeth Meyer zu Stieghorst-Kastrup
Fooddesign: René Schulte
Korrektur: Andrew Leslie
DTP: Karolina Stuhec Meglic
Illustration: Dr. Katrin Beyer
Umschlaggestaltung: CYCLUS · Visuelle Kommunikation, Stuttgart
Produktion: WZ Media, Stuttgart
Reproduktion: Digital Data Service Lenhard, Stuttgart
Druck: Westermann Druck, Zwickau
Fotos: Cover vorne: Peter Thul, Cover hinten und im Buch:
W. Waldmann

Rüdigerstraße 14
D-70469 Stuttgart

ISBN 3-89373-589-5

Leserservice

Wenn Sie Fragen oder Anregungen
zu diesem Buch haben, schreiben Sie uns an:

TRIAS Verlag
Postfach 30 11 07, D-70451 Stuttgart

oder schicken Sie eine E-Mail an:
trias.lektorat@thieme.de

Zu diesem Buch 8

Migräne – der chronisch unterschätzte Schmerz 10

Hilfe, mir steigt das Essen zu Kopf! 19

Die schmerzgesunde Ernährung 41

Zu den Rezepten 52

Frühstück 56

Frischkornmüsli mit Dinkel 58
Früchtemüsli 60
Früchtequark 61
Karotten-Apfel-Frischkost 62
Exotischer Obstsalat 65
Brotaufstriche 66
Müslimuffins 70
Porridge, pikant 72
Vegetarischer Brotaufstrich 73

Zwischenmahlzeiten 74

Italienischer Antipastiteller 76
Spargelsalat mit Fisch 78
Buntes Rübengemüse 80
Pellkartoffeln mit Grünkerndip 82
Saures Kartoffelgemüse 83
„Bircher“ Pommes mit Salsa 84
Rohkostteller mit verschiedenen Dips 86
Kartoffel-Kräuter-Taler 88
Vollkornwaffeln mit Sauerkirschen 90
Ravioli-Zucchini-Salat 93
Knusperwürfel 94

Vorspeisen 96

Brokkolirohkost 98
Kartoffelspieße mit Kräuterdip 100
Kürbissuppe mit Sauerampfer 103

Reisauflauf mit Früchten 104
Wintersalat mit Senfdressing 105
Salat-Joghurt-Kaltschale 106
Kartoffelsuppe mit Champignons 107
Chinesische Frühlingssuppe 108
Minestrone italienischer Art 109
Feldsalat mit gerösteten Kürbiskernen 110
Gebratene Austernpilze mit Blattsalat 111
Grüne Erbsensuppe 113

Hauptgerichte 114

Farfalle mit Lachs 116
Wokgemüse mit Tofu 119
Pichelsteiner 120
Süßsaures Gemüse mit Sesamfisch 121
Hühnchen asiatisch 122
Paprika gefüllt 125
Spaghetti mit Pesto 126
Seelachsfilet mit Gemüsereis 128
Kartoffelgnocchi 129
Gemüsespätzle 131
Kartoffelpuffer 132
Fleischpflanzerl mit Bechamelkartoffeln 134
Mexikanischer Bohnentopf 135
Chili con Carne 137
Gefüllte Tortillas mit Salat mexicana 138
„Fish and Chips" 140
Käsespätzle 141
Vegetarische Pizza 143
Geflügelspieße mit Curryreis 144
Königsberger Klopse 146
Tagliatelle mit Champignonsoße 148
Lachssteak mit Blattspinat 150

Süßes und Backwaren 152

Apfelkuchen mit Quark 154
Kirschstrudel 156

Curryreis mit Ananas 157
Orangentraum (Joghurtspeise) 158
Apfeltaschen mit Quarkölteig 160
Vanilleapfel 163
Zitronensorbet 164
Aprikosenstrudel 165
Apfelstrudel 166
Pfannkuchen mit Himbeeren 168
Topfenschmarrn mit Apfelkompott 168
Hefeteig (süß) – Grundrezept 170
Kartoffel – Grundteig 171
Quarkölteig – Grundrezept 172
Spätzle – Grundrezept 173
Strudelteig – Grundrezept 174
Crêpes Suzette 175

Register 176

Zu diesem Buch

Mehr als 70 Millionen Menschen in Deutschland leiden zeitweise unter Kopfschmerzen. Etwa 8 Millionen davon haben Migräne – darunter mehr als doppelt so viele Frauen wie Männer. Daneben gehören Spannungskopfschmerzen und der medikamentenbedingte Kopfschmerz, der durch jahrelangen Schmerzmittelmissbrauch entsteht, zu den Spitzenreitern unter den 165 verschiedenen Kopfschmerzarten, welche die Mediziner unterscheiden. Jedem dieser Leiden liegen andere Ursachen zugrunde. Dementsprechend unterschiedlich sind die Therapiemöglichkeiten. Neben alten Hausmitteln stehen eine Vielzahl moderner Medikamente für die Behandlung von Kopfschmerzen zur Verfügung. Bei Spannungskopfschmerzen zum Beispiel hat sich als Alternative zur Schmerzmitteltherapie die äußerliche Anwendung von Pfefferminzöl bewährt. Migränekranke dagegen profitieren eher von einer Runde Schlaf oder – zumindest einige – von einer Tasse Kaffee mit Zitronensaft. Manchmal aber bleibt selbst die auf den Einzelfall abgestimmte medikamentöse Behandlung ohne ausreichende Wirkung.

Aus diesem Grund suchen viele Migränepatienten Hilfe auch in der Anwendung von Entspannungstechniken, Stressbewältigungsverfahren und alternativen Heilmethoden, die zum Teil nachweislich einen positiven Einfluss auf die Kopfschmerzhäufigkeit und -stärke haben. Und was ist mit der Ernährung? Gibt es eine spezielle Diät, mit der die Kopfschmerzen „weggezaubert“ werden können? Ganz so einfach ist es leider nicht. Die Migräneanfälligkeit selbst lässt sich nicht heilen – weder durch Ernährung noch durch andere Therapiemaßnahmen. Und doch steckt mehr Potenzial in einer individuell angepassten Ernährungsweise, als die meisten Menschen ahnen: Wir wissen heute, dass wir durch gezielte Zusammenstellung der Kost an der Schraube zur individuellen Schmerzschwelle drehen können. Schmerzgesunde Ernährung ist eine Chance für alle Kopfschmerzpatienten, selbst etwas gegen den Schmerz zu unternehmen. Die Schmerzforschung bietet dazu äußerst spannende Erkenntnisse – sie dienen als Grundlage für die in diesem Buch zusammengestellten Rezepte.

Speziell Migränepatienten – und genau an diese Gruppe von Kopfschmerzpatienten wendet sich dieser Ratgeber – können noch viel mehr tun. Ernährung gehört ebenso wie Stress oder auch Witterungseinflüsse zu den Faktoren, die als Migränetrigger bekannt sind. Sie können Migräne mit auslösen oder auch verstärken. Häufige Nahrungsfaktoren sind Lebensmittel wie Käse und Rotwein, aber auch ausgelassene Mahlzeiten und vieles mehr. Wissenschaftler vermuten, dass jeder dritte Migräniker direkt von einer individuellen Ernährungsumstellung profitieren könnte – sei es in Form von weniger schweren oder selteneren Attacken oder sogar völliger Anfallsfreiheit.

Ob und in welchem Umfang Nahrungsfaktoren beim Einzelnen an der Migräneentstehung beteiligt sind, muss jeder für sich selbst herausfinden. Das vorliegende Buch zeigt auf, welche Nahrungsfaktoren als Migränetrigger infrage kommen. Sie erfahren, warum dem so ist und wo noch Forschungsbedarf besteht. Das macht dieses Migränebuch zum idealen Begleiter für die Suche nach Ihren ganz persönlichen Übeltätern und auch für die Zeit danach: Die leckeren Rezepte im zweiten Teil des Buchs sind so zusammengestellt, dass für jeden etwas dabei ist. Lassen Sie sich davon inspirieren! Und noch etwas: Das Wort Diät verstehen wir in seinem ursprünglichen Sinn, wo es für einen gesunden Lebensstil, mehr Lebensqualität steht.

Stefanie Braun, Hans Amberger

Migräne – der chronisch unterschätzte Schmerz

„Warum ist Frau L. noch nicht da? Krank gemeldet? Ah, sie nimmt sich wohl wieder mal ihre Migräne! Na, die macht sichs leicht!“ So könnte es sich anhören, wenn Kollegen über Karin L. reden, die regelmäßig durch Kopfschmerzen „außer Gefecht“ gesetzt wird. Migräne gilt in unserer Gesellschaft als eingebildetes Leiden, wird verharmlost und nicht als chronische Schmerzkrankheit wahrgenommen. Kopfweh hat schließlich fast jeder mal! Das Problem ist, dass das Ausmaß der Schmerzen höchst unterschiedlich ist. Jemand, der Kopfweh als leichtes Ziehen an den Schläfen kennt, lästig, aber nicht schlimm, wird kaum ermessen können, wie übel sich Karin L. an diesem Morgen fühlt. Für Migränepatienten bedeutet dieses Unverständnis ihrer Mitmenschen eine zusätzliche psychische Belastung: Um nicht als eingebildete Kranke zu gelten, beißen sie selbst im akuten Anfall so lange wie möglich die Zähne zusammen. Mit gequältem Lächeln signalisieren sie, dass schon alles „in Ordnung“ sei, anstatt sich die dringend benötigte „Auszeit“ zu nehmen.

Ursachen der pochenden Qual

Seit über 60 Jahren beschäftigt sich die moderne Forschung mit der Migräne. Bis heute lassen sich die Erkenntnisse – einem unvollständigem Puzzle gleich – nicht einfach zu einem Gesamtbild zusammenfassen. Klar ist, dass Migräne kein psychisches oder psychosomatisches Leiden ist, sondern eine organische Erkrankung mit einem komplexen Entstehungsmechanismus. Die Veranlagung dazu ist meist ererbt. Migräne kann aber auch Menschen treffen, die keine kopfschmerzgeplagten Familienmitglieder haben. Die Zahl der Kinder, die an Migräne leiden ist ähnlich hoch wie die der Erwachsenen – jeweils ca. 10–12 %. Ab der zweiten Lebenshälfte lassen Stärke und Häufigkeit der Migräneattacken oft nach, bis sie schließlich ganz ausbleiben – sehr zur Erleichterung der Betroffenen!

Migräne lässt sich heute am ehesten als eine Störung der Reizverarbeitung im Gehirn beschreiben. Während sich gesunde Menschen auf einen länger einwirkenden Reiz, wie Licht, Lärm oder auch Stress einstellen können, indem sie die Wahrnehmung im Gehirn „herunterregeln“, gelingt dies Migränepatienten mal mehr, mal weniger. Das Gehirn des Migränikers kommt mit der ständigen Flut von Reizen, die durch Auge, Gehör und alle anderen Sinne einströmen, nicht richtig zurecht:

Wenn ihm alles „über den Kopf wächst", reagiert es mit Migräne. Der Betroffene wird für Stunden oder gar Tage außer Gefecht gesetzt, gleichzeitig wird eine Absenkung der Gehirnaktivität beobachtet. Der akute Anfall stellt für das Gehirn so etwas wie eine „Notbremse" dar, die es immer dann zieht, wenn Erholung dringend notwendig ist.

Mein Kopf explodiert!

Viele der Veränderungen, die vor und während einer Migräneattacke ablaufen, lassen sich gut messen und beobachten. Im Zusammenhang mit der oben genannten Reizüberflutung kommt es zu kurzfristigen biochemischen Veränderungen im Gehirn. Ein typisches Anzeichen dieser Prozesse ist der von vielen Migränepatienten beschriebene Heißhunger auf Schokolade im Vorfeld der Migräneattacke. Auch Stimmungsschwankungen, Müdigkeit und mangelnde Konzentrationsfähigkeit deuten auf einen bevorstehenden Anfall hin. Die Haupterklärung für den Migräneschmerz selbst sind Entzündungsvorgänge an Blutgefäßen im Kopf, denen eine noch ungeklärte Reizung von Nervenfasern der Gefäßwände an der Hirnhaut vorangeht. Letzteres wird vom Gehirn als „Defekt an den Adern" interpretiert, obwohl an den Gefäßen nicht wirklich ein Fehler vorliegt. Es kommt zur Ausschüttung von Botenstoffen, die für einen Schutz der angeblich lädierten Gefäße sorgen sollen. Zu diesem Zweck setzen diese die bereits genannte Entzündungsreaktion in Gang. Dabei erweitern sich die anfangs sogar verengten Blutgefäße unerwünscht stark. Sie werden durchlässiger, Gewebsflüssigkeit tritt aus. Es kommt zu einer Schwellung. Die Nervenfasern werden jetzt tatsächlich schmerzhaft gereizt.

Wie sich das anfühlt, beschreibt Karin L. so: „Der Schmerz trifft mich wie ein Faustschlag, durchzuckt mich wie Blitz und Donner; er ist unendlich stark. Es dröhnt wie ein Presslufthammer, es pocht, es hämmert. Kanonenkugeln prasseln gegen die Schädeldecke. Gleich explodiert mein Kopf. Mir ist schlecht, nur kein Licht, ich möchte nichts mehr hören und sehen. Absolute Ruhe, bitte!"

Porträt der Migräne

Nicht jeder Migräniker hat die gleichen Beschwerden, aber es gibt eine Reihe von Symptomen, welche für die Migräne typisch sind. Dazu gehört, dass der in der Regel starke Kopfschmerz pochend, pulsierend, auch hämmernd und stechend wahrgenommen wird. Häufig sitzt er in der Stirngegend. Er kann aber auch vom Nacken heraufschleichend wahrgenommen werden. Normalerweise ist er einseitig, wobei die Seiten selbst während einer Attacke wechseln können. Die Dauer einer einzelnen Attacke variiert von wenigen Stunden bis hin zu mehreren Tagen. Anders als beim Spannungskopfschmerz – der häufigsten Kopfschmerzform überhaupt – verstärkt körperliche Anstrengung normalerweise den Migräneschmerz.

Migräne mit Aura

Bei manchen Migränikern kündigt sich die Migräne mit Symptomen an, die für eine Störung der Gehirnfunktion typisch sind. Am häufigsten kommt es zu Sehstörungen wie Flimmern oder dunklen Flecken im Sichtfeld. Taubheitsgefühle, Lähmungen, Sprachstörungen oder andere

Der Ablauf einer Migräneattacke

Mögliche Vorboten der Migräneattacke:

- Lustlosigkeit oder hektische Betriebsamkeit
- Gereiztheit, schlechte Stimmung, Neigung zum Grübeln oder ungewohnte Euphorie
- Müdigkeit, sinkende Leistungsfähigkeit
- Heißhunger oder Appetitlosigkeit bis hin zu Ekel vor bestimmten Speisen oder Getränken – auch beides aufeinander folgend
- verstärkte Empfindlichkeit gegen Gerüche, Lärm und Licht
- kalte Füße, Frösteln
- Wassereinlagerungen in Händen und Füßen

Typische Begleitsymptome während der Migräneattacke:

- Übelkeit und Erbrechen
- absolute Geruchs-, Licht- und Lärmscheue
- Durchfall oder Verstopfung
- Frösteln, oft auch unterbrochen von plötzlichem Hitzegefühl
- Blässe im Gesicht, Augenringe
- absolut elendes Gefühl, depressive Stimmung
- Bedürfnis nach absoluter Ruhe und Dunkelheit
- Unfähigkeit, sich zu konzentrieren, etwas zu leisten

Symptome nach der Migräneattacke:

- Ruhe- und Schlafbedürfnis ist noch einige Zeit erhöht
- Körper und Geist kommen erst langsam wieder auf Touren
- positive Gefühle, Glücksempfinden nach dem Motto: „Ich habe es erst mal hinter mir“

ungewohnte Sinneswahrnehmungen sind ebenfalls möglich. Meistens ist nur eine Körperhälfte betroffen.

Migräneauslöser im Visier

Kennen Sie das? Die Migräne bahnt sich immer dann an, wenn Sie gerade einen heftigen Disput mit dem Chef geführt haben, wenn das Wetter umschlägt oder wenn Sie in gemütlicher Runde gut gegessen haben und ein Glas Rotwein getrunken haben, oder, oder, oder... Die hier genannten Faktoren gelten als Migräneauslöser – auch Migränetrigger genannt. Das sind Stoffe oder auch Situationen, die Migräne auslösen oder verstärken können. Ernährungseinflüsse – und darum geht es

Migränetrigger

Äußere Faktoren:
- Wetterumschwung
- Föhn (südliche Fallwinde)
- extreme Kälte oder Aufenthalt unter gleißender Sonne
- Aufenthalt in Höhen über 1500 Meter
- helles, grelles Licht
- laute Geräusche
- strenge Gerüche

Körperliche Faktoren:
- Veränderungen im Hormonhaushalt
- zu wenig oder zu viel Schlaf
- zu wenig Bewegung, Sauerstoffmangel
- Überanstrengung

Ernährungsfaktoren:
- ausgelassene Mahlzeiten, Hunger
- zu viel oder zu wenig Flüssigkeitszufuhr
- Verstopfung
- Lebensmittelallergien
- Lebensmittelunverträglichkeiten

Seelische Faktoren:
- Zeit- und Leistungsdruck
- Aufregung (z. B. Ärger, Freude)
- Ängste

insbesondere in diesem Buch – gehören genauso dazu wie das Wetter, Stress oder hormonelle Faktoren. Wie viele dieser Faktoren für die Entstehung Ihrer Migräne eine Rolle spielen und wie stark deren Einfluss ist, können nur Sie selbst herausfinden. Und auch dann ist das Rätsel nicht gelöst: Ob einer dieser Auslöser für die Entstehung einer Migräneattacke ausreicht oder ob mehrere Einflussfaktoren zusammenkommen müssen, hängt vermutlich von der augenblicklichen Migränebereitschaft des Gehirns ab.

Auch kann es passieren, dass ein Nahrungsmittel, das Stunden vorher als Trigger für eine Migräneattacke fungierte, kurz nach dem Anfall – bei ausgeruhtem Gehirn – problemlos genossen werden kann. Ein scheinbarer Widerspruch, der viele Betroffene dazu veranlasst, Essen und Trinken als Einflussfaktor fälschlicherweise auszuschließen! Das Gleiche gilt für nicht-ernährungsbedingte Migränetrigger.

Dem Schmerz gezielt begegnen

Migränepatienten behandeln sich oft jahrelang selbst mit verschiedensten Schmerztabletten, bis sie endlich den Weg zum Experten finden. Dabei ist die Voraussetzung für eine gezielte Behandlung jeder Art von Kopfschmerzen die genaue medizinische Diagnose – auch um zu vermeiden, dass andere Krankheiten, die mit Kopfschmerzen einhergehen können, übersehen werden. Je nach Art und Schwere der Migräneanfälle bieten sich verschiedene schulmedizinische, psychologische und naturheilkundliche Therapieansätze an. Bewährt hat sich die Kombination verschiedener medikamentöser und nicht-medikamentöser Verfahren sowohl zur Vorbeugung als auch für die Akuttherapie eines Migräneanfalls.

Daneben gibt es eine Reihe bewährter Hausmittel, die helfen können, eine drohende Attacke gerade noch abzuwehren oder deren Verlauf wenigstens zu mildern. Dazu gehören morgendliche Wechselduschen (erst warm, dann kalt – aber nicht eiskalt!), regelmäßige Spaziergänge, sanfte Gymnastik des Nacken/Schulterbereichs (nach Anleitung eines Orthopäden oder Krankengymnasten!) sowie geregelter Schlaf und rechtzeitige Entspannung. So manchem hilft auch der Genuss einer Tasse Kaffee oder die Kombination Kaffee plus Zitronensaft über den Berg.

Lässt sich die Attacke nicht mehr vermeiden, sollten Sie Ihrem Körper die nötige Ruhe geben. Am besten wäre es, wenn Sie die Möglichkeit hätten, sich ins Bett zu legen und – bei guter Belüftung des Ruhezimmers – zu schlafen. Entlasten Sie Ihren Körper, indem Sie ihm nur leichte Kost zuführen und eventuell schluckweise ungesüßten Kräutertee oder Mineralwasser trinken. Wenn Ihnen nicht nach Essen ist, essen

Therapieverfahren – ein Überblick

- **Medikamentöse Vorbeugung:** Betablocker, Thrombozytenaggregationshemmer, Kalziumantagonisten, Serotoninantagonisten, Dihydroergotamin.
  Nachteil: Keines dieser Medikamente ist ein reines Migränemittel. Sie haben alle Nebenwirkungen (meist Symptome im Magen-Darm-Trakt, Müdigkeit, Schwindel), die zum Teil bereits nach kurzer Behandlungsdauer auftreten. Ein Therapieerfolg dagegen wird in der Regel erst nach einigen Wochen sichtbar. Ohne eine gute Kommunikation zwischen Arzt und Patient ist die Gefahr groß, dass diese Diskrepanz zum vorzeitigen Abbruch der Behandlung führt.
- **Medikamentöse Akuttherapie:** Actylsalicylsäure (Aspririn), Paracetamol, Ibuprofen, Ergotamin, Trimtane (z. B. Sumatriptan); bei Bedarf in Kombination mit einem Antibrechmittel (z. B. Dimenhydrinat). Nehmen sie keine Präparate, in denen Schmerzmittel mit Koffein oder Kodein kombiniert sind. Das soll die Wirkung verstärken, hat aber den Nachteil, dass Leber und Niere auf Dauer geschädigt werden können. Auch das Risiko der Gewöhnung an das Schmerzmittel steigt. Die wirksame Dosis wird immer höher, medikamentenbedingter Kopfschmerz droht!
- **Nicht medikamentöse Methoden zur Vorbeugung:** Entspannungsmethoden (Yoga, autogenes Training, progressive Muskelentspannung), Psychotherapie, Biofeedback (willentliche Entspannung der Gefäße), Akupunktur, Bachblütentherapie, Aromatherapie

Sie nichts. Schmerzmittel sollten Sie allerdings nicht auf nüchternen Magen einnehmen. Hören Sie in sich hinein. Sie spüren selbst, was Ihnen gut tut!

Das Migränetagebuch

Eine bewährte Möglichkeit, sich selbst besser kennen zu lernen und herauszufinden, wie sich die eigene Migräne am ehesten in Schach halten lässt, ist das Führen eines Migränetagebuchs. Auch Ihrem Arzt erleichtern die Daten aus dem Tagebuch die Arbeit. Die darin enthaltenen

Migränebuch für: .... Wochentag: .... Datum: ....

Ich hatte heute Kopfschmerzen/Migräne Ja ☐ Nein ☐

Wenn ja:

Wann begannen die Schmerzen?

vor dem Aufwachen ☐
morgens, nach dem Aufwachen ☐
vormittags ☐
nachmittags ☐
abends ☐

Wo war der Schmerz zu spüren?

einseitig ☐
ganzer Kopf ☐
hinter den Augen ☐
Stirnbereich ☐
Hinterkopf ☐
Sonstiges ....

Wie fühlen sich die Schmerzen an?

klopfend ☐
stechend ☐
drückend ☐
Sonstiges ....

Wie hat sich der Schmerz entwickelt?

wurde allmählich stärker ☐
kam überfallsartig ☐

Dauer der Attacke:

weniger als eine Stunde ☐
einige Stunden ☐
länger als ein halber Tag ☐
ein ganzer Tag ☐
länger als ein Tag ☐

Vorboten der Attacke:

ungewohnt guter/schlechter Stimmung ☐
müde/schlapp ☐
Heißhunger verspürt ☐
Sehstörungen, Flimmern etc. ☐
Taubheitsgefühl ☐
Sonstiges ....

Begleitsymptome der Attacke:

Übelkeit ☐
Erbrechen ☐
Bedürfnis nach absoluter Ruhe ☐
Sonstiges ....

Was hat geholfen?

Entspannen ☐
Schlafen ☐
Medikamente (welche?)
Sonstiges ....

Besonderheiten des Tages: (bitte zusätzlich Ernährungsprotokoll beachten)

Ärger/Stress ☐
Aufregung/Freude ☐
Stress/Leistungsdruck ☐
Angst vor irgendetwas ☐
bei Frauen: Regelblutung ☐
zu wenig/viel Schlaf ☐
körperliche Anstrengung/Sport ☐
zu wenig Bewegung, Frischluft ☐
Wetterumschwung/Föhn ☐
Aufenthalt in großer Höhe ☐
bei großer Hitze an der Luft ☐
starke Gerüche/Geräusche ☐
Sonstiges ....

Ich konnte heute eine drohende Attacke abwehren, indem ich:

....

....

Ernährungsprotokoll für: .... Wochentag: .... Datum: ....

	Lebensmittel/Getränke (Mengen, ca.)	Migräne?
Frühstück *(Essen und Trinken)*	Uhrzeit	Ja ☐ Nein ☐ Wenn ja: Vergleich mit dem Migräne-Tagebuch und den Ernährungsprotokollen der letzten Tage! *Gab es Auffälligkeiten bezüglich der Essgewohnheiten?*
Brotzeit/ Süßigkeiten *(Essen und Trinken)*	Uhrzeit	Heißhunger? ....
Mittagessen *(Essen und Trinken)*	Uhrzeit	Appetitlosigkeit/Ekel? ....
Brotzeit/ Süßigkeiten *(Essen und Trinken)*	Uhrzeit	Hatten Sie Verdauungsprobleme? Wenn ja, welche: ....
Abendessen *(Essen und Trinken)*	Uhrzeit	Gibt es Ernährungseinflüsse, die Sie als Mitauslöser der heutigen Attacke in Verdacht haben? Wenn ja, welche? ....
„Betthupferl“ *(Essen und Trinken)*	Uhrzeit	....

Informationen über die Begleitumstände, Symptome, Zahl und Dauer der einzelnen Attacken helfen ihm dabei, herauszufinden, welche Therapieansätze in Ihrem Fall am ehesten Erfolg versprechen. Was müssen Sie tun? Notieren Sie über einen Zeitraum von mehreren Wochen alles, was im Zusammenhang mit durchgestandenen oder auch gerade noch abgewendeten Migräneattacken stehen könnte und besprechen Sie das Ergebnis mit Ihrem Arzt. Kopiervorlagen für ein Migränetagebuch sowie ein dazugehöriges Ernährungsprotokoll finden Sie auf S. 16 und 17. Dem Thema Ernährung ist – entsprechend seiner Bedeutung in diesem Buch – eine eigene Seite gewidmet. Hier ist Platz für alles, was Sie im Laufe eines Tages gegessen und getrunken haben.

Führen Sie das Ernährungsprotokoll nicht nur an Migränetagen, sondern auch dann, wenn es Ihnen gut geht. Nur so werden mögliche Ernährungseinflüsse der letzten Tage vor der Attacke (z. B. Allergie auf ein häufig gegessenes Lebensmittel) ausreichend berücksichtigt. Auch lässt sich auf diese Weise am ehesten sehen, welche Ernährungsgewohnheiten sich besonders günstig darauf auswirken, eine Migräne gar nicht erst entstehen zu lassen. Wenn Sie bei der Führung des Ernährungsprotokolls auf die im Folgenden dargestellten typischen Zusammenhänge zwischen Ernährung und Migräne von Anfang an achten, haben Sie die besten Chancen, Ihren Übeltätern aus der Nahrung auch wirklich auf die Spur zu kommen.

Hilfe, mir steigt das Essen zu Kopf!

Schon mehr als 300 Jahre vor Christi Geburt hat der griechische Arzt Hippokrates davor gewarnt, dass Käse Kopfschmerzen auslösen kann. Inzwischen gibt es keinen Zweifel mehr daran, dass neben dem Käse eine Reihe weiterer Ernährungsfaktoren Einfluss auf die Migräneentstehung haben können – nicht müssen, wohlgemerkt! Die Palette reicht von Lebensmittelunverträglichkeiten, migränefördernden Wirkungen einzelner Lebensmittel, wie zum Beispiel Kaffee, bis hin zum Einfluss des Wohlstandsleidens Verstopfung.

Wie Lebensmittel Migräne direkt beeinflussen

Der erste Abschnitt dieses Kapitels über den Einfluss der Ernährung auf die Migräne beschäftigt sich mit den verschiedenen Möglichkeiten, wie einzelne Lebensmittel direkt in die Entstehung der Migräne eingreifen können. Es handelt sich dabei zum einen um Lebensmittel oder Lebensmittelzusatzstoffe, die dafür bekannt sind, dass sie im Körper unabhängig vom Immunsystem zu Unverträglichkeitsreaktionen (nichtimmunologisch bedingte Unverträglichkeiten) führen können. Zum anderen geht es um das Thema Nahrungsmittelallergie (immunologisch bedingte Unverträglichkeit). In beiden Fällen können weitere Faktoren aus der Nahrung verstärkend wirken. Anschließend geht es darum, wie Sie Ihre Auslöser mithilfe von Migränetagebuch und Ernährungsprotokoll letztlich enttarnen und wie sich diese Erkenntnisse im Alltag umsetzen lassen.

Biogene Amine – brisante Stoffe aus der Natur

Wenn es um Migräne und Ernährung geht, denken wir automatisch an Schokolade, Käse und Rotwein. Diese drei gehören zu den „Klassikern“ unter den Ernährungsfaktoren der Migräne. Und sie haben eines gemeinsam: Sie sind bekannt für ihren teilweise hohen Gehalt an biogenen Aminen. Das sind hochwirksame Stoffe, die in Pflanzen und Tieren beim Abbau von Eiweiß entstehen. Sie sind in fast allen Lebensmitteln in geringen Mengen vorhanden. Besonders viele biogene Amine bilden sich immer dann, wenn Bakterien oder Hefen mit im Spiel sind. Dazu gehören erwünschte Gärungsprozesse bei der Weinherstellung oder Reifeprozesse bei der Käseproduktion, genauso wie der Verderb von Lebensmitteln. Welche biogenen Amine und wie viele jeweils in einem Lebensmittel zu finden sind, ist von Fall zu Fall unterschiedlich. Beim Käse zum Beispiel kommt es auf die Sorte, die Qualität der Reifung, Temperatur und Dauer der Lagerung an, bei der Schokolade unter anderem auf Sorte und Anbaugebiet der Kakaobohne.

Schlüsselfunktionen im Stoffwechsel

Im Stoffwechsel von Tier und Pflanze haben biogene Amine wichtige Steuerungsfunktionen. Auch im menschlichen Körper werden sie bei Bedarf gebildet: Zu den bekanntesten gehören Serotonin und Histamin. Während Serotonin als Botenstoff für die Kommunikation in der Kommandozentrale Gehirn mitverantwortlich ist und als Hormon unter anderem unsere Stimmung beeinflusst, wirkt Histamin im ganzen Körper. Unter anderem ist es an der Regulierung des Blutdrucks beteiligt, wirkt auf Nerven, die Muskulatur und die Verdauung. Eine Schlüsselrolle kommt dem Histamin beim Allergiegeschehen zu. Nachdem die Spezialisten der körpereigenen Abwehr einen als Feind eingestuften Stoff (Allergen) erkannt haben, werden Abwehrstoffe (Antikörper) gebildet, die speziell auf diesen Feind zugeschnitten sind. Gleichzeitig bekommen bestimmte Abwehrzellen (Mastzellen) den Auftrag, Histamin auszuschütten. Dieses sorgt nun für weitere Abwehrreaktionen und ist mitverantwortlich für die typischen allergischen Symtome wie Hautausschlag, Schwellungen, Heuschnupfen, Asthma, bis hin zum lebensgefährlichen anaphylaktischen Schock.

Auf die Balance kommt es an

Für das körpereigene Gleichgewicht der biogenen Amine ist es wichtig, dass uns immer genau so viele dieser hochwirksamen Stoffe zur Verfügung stehen, wie gebraucht werden. Biogene Amine aus der Nahrung und von der Darmflora gebildete „Verwandtschaft" würden diese körpereigene „Just in Time"-Ausschüttung stören. Aus diesem Grund werden sie im Darm durch spezielle Enzyme gestoppt und unschädlich gemacht. Weitere „Abfangjäger" stehen in verschiedenen Körpergeweben bereit. Probleme gibt es nur beim Verzehr verdorbener Lebensmittel: In dem Fall kann es passieren, dass das Enzymsystem durch die Flut der darin enthaltenen biogenen Amine überfordert wird. Im Stau stecken gebliebenes Nahrungshistamin hat Zeit, im Körper Unruhe zu stiften. Die möglichen Folgen einer Überdosis Histamin reichen vom Absinken des Blutdrucks über juckende Hautausschläge und -schwellungen, eine „verlegte" Nase, Übelkeit, Erbrechen und Durchfall bis hin zu Kopfschmerzen. Beim Migräniker können Migräneattacken mitausgelöst werden.

Typisches Beispiel ist die Fischvergiftung. Fisch ist dafür bekannt, dass im Laufe des natürlichen Verderbsprozesses relativ schnell Histaminmengen gebildet werden, welche die Kapazität der aminabbauenden Enzyme überfordern. Dementsprechend streng sind die Hygienerichtlinien für dieses empfindliche Lebensmittel!

Dem Enzymmangel auf der Spur

Allerdings gibt es auch Menschen, welche die oben genannten Symptome nicht erst verspüren, wenn der Fisch auf ihrem Teller verdorben war. Sie reagieren schon auf den Verzehr von Fisch, der nach den Richtlinien der Lebensmittelkontrolle einwandfrei ist, mit den Beschwerden einer Histaminvergiftung. Ähnlich ergeht es den Betroffenen beim Verzehr bestimmter Käsesorten, Schokolade und anderen Lebensmitteln. Mehr oder weniger lange nach dem Genuss kommt der Verdruss: Den einen juckts, der andere bekommt Kreislaufprobleme und so manchem pocht es im Kopf. Man spricht von einer Lebensmittelunverträglichkeit.

Allen gemeinsam ist ein mehr oder weniger großer Mangel an funktionierenden aminabbauenden Enzymen im Darm. Dieser kann im Laufe des Lebens mal stärker, mal schwächer ausgeprägt sein und auf Probleme mit dem Abbau bestimmter biogener Amine beschränkt sein. Der Mangel kann erworben sein oder auch vererbt werden. Überdurchschnittlich häufig scheinen Migräniker diese Stoffwechselstörung in die Wiege gelegt zu bekommen: Bis zu einem einem Viertel aller Migränepatienten ist mehr oder weniger stark davon betroffen. Bei Erwachsenen scheinen dadurch bedingte Lebensmittelunverträglichkeiten eine größere Rolle zu spielen als bei Kindern.

Unerwünschte Nebenwirkungen

Entdeckt wurde dieser Zusammenhang, als in den 50er Jahren neuartige Psychopharmaka – so genannte Aminoxidase-Hemmer – auf den Markt gebracht wurden und parallel dazu die Mitteilung über Lebensmittelunverträglichkeiten stieg. Die Nebenwirkungen der Medikamente zeigten auffällige Ähnlichkeit mit Migräne und tauchten verstärkt bei Migränikern auf. Als die Forscher diesen Zusammenhängen auf den Grund gingen, zeigte sich, dass die neuen Medikamente eine unbeabsichtigte, spezielle Blockade der für den Nahrungs-Amin-Abbau wichtigen Abfangjäger bewirkten. Die Verträglichkeit der Medikamente konnte durch den Verzicht auf aminreiche Lebensmittel während der Therapie erheblich verbessert werden. Auch heute sind Medikamente auf dem Markt, welche die Funktion dieses wichtigen Enzymsystems beeinträchtigen können. Andere Medikamente können zu unerwünschter Hista-

Enzymhemmende Medikamente

Acetylcystein	z. B. Aeromuc, Pulmovent
Ambroxol	z. B. Ambrobene, Mabroxol, Broxol,
Mucosolvan, Mucospas	
Aminophyllin	z. B. Euphyllin, Mundiphyllin, Myocardon
Amitriptylin	z. B. Saroten, Tryptizol, Limbritol
Chloroquin	z. B. Resochin
Clavulansäure	z. B. Augmentin
Isoniazid	z. B. Myambutol+INH, Rifoldin+INH, Rimactan+INH
Metamizol	z. B. Buscopan comp., Inalgon, Novalgin
Metoclopramid	z. B. Ceolat comp., Paspertase, Paspertin
Propafenon	z. B. Rhythmocor, Rytmonorma
Verapamil	z. B. Isoptin

Quelle: Jarisch, Histamin-Intoleranz, Thieme 1999

minausschüttung im Körper führen. Sie alle aufzuzählen würde zu weit führen. Bei Bedarf fragen Sie am besten Ihren Arzt oder Apotheker.

Biogene Amine als Kopfschmerzauslöser

Die Erforschung migräneauslösender Faktoren in der Nahrung bekam durch die Entdeckung der Folgen der Hemmung aminabbauender Enzyme einen neuen Schub. Heute wissen wir, dass zwei biogene Amine an vorderster Front stehen, wenn es um die Entstehung von Kopfschmerzen und Migräne geht: Histamin, dessen Wirkungen am Beispiel der Fischvergiftung beschrieben wurde und Tyramin.

Die typischen Merkmale einer „Überdosis“ mit Tyramin lesen sich wie das „Who is Who“ der Migränesymptome: hoher Blutdruck in Verbindung mit bohrenden Kopfschmerzen, Schwindel, Sehstörungen, Überempfindlichkeit gegen Licht, Gerüche, Geräusche, Blässe und Erbrechen. Tyraminbedingte Kopfschmerzen treten oft erst Stunden nach der Mahlzeit auf und können bis zu 24 Stunden dauern. Konzentriertes Arbeiten ist in der Zeit unmöglich, das Bedürfnis nach Schlaf sehr hoch.

Neben Histamin und Tyramin sind an der Migräneentstehung normalerweise weitere Vertreter aus der Zunft der biogenen Amine beteiligt. Zum Teil wirken sie verstärkend auf die Wirkung der beiden „Leithammel", indem Sie Letzteren den Zugang zu den abbauenden Enzymen versperren. Ein Effekt, der zum Beispiel bei der Banane deutlich zum Tragen kommt. Ihr Tyramingehalt wäre kein Problem, wären da nicht auch nennenswerte Mengen an Serotonin und Phenylethylamin!

Histaminliberatoren und andere Faktoren

Einige biogene Amine stehen in Verdacht, im Körper die unkontrollierte Freisetzung von Histamin aus den Vorratskammern des Immunsystems (Mastzellen) zu fördern. Auch etlichen Nahrungsmitteln, deren Amingehalt allein kaum für die Auslösung von Beschwerden ausreichen würde, sowie einigen Lebensmittelzusatzstoffen wird diese Fähigkeit zugeschrieben. Der Einfluss dieser so genannten Histaminliberatoren auf die Migräneentstehung ist aufgrund des Zusammenwirkens von körpereigenem Histamin und Nahrungshistamin nur schwer messbar. Der Unterschied zu den Symptomen einer Allergie, deren Auslösung immer mit körpereigenem Histamin in Zusammenhang steht, wird durch diese Wechselwirkungen noch schwerer erkennbar. Man spricht von einer Pseudoallergie.

Die Dosis machts!

All diesen Unverträglichkeiten ist eines gemeinsam: Geringe Mengen eines Nahrungsmittels (z. B. bestimmte Käsesorten) können noch verträglich sein, größere Mengen jedoch nicht. Bestehen gegen mehrere Lebensmittel gleichzeitig Unverträglichkeiten und sind vielleicht weitere Faktoren wie Stress und Wettereinflüsse vorhanden, summiert sich die Wirkung: Das Fass läuft über, die Migräne nimmt ihren Lauf – sofern die augenblickliche Migränebereitschaft des Gehirns groß genug ist!

Überblick über mögliche Migräneauslöser

Die nun folgende Aufstellung stellt einen Überblick über die Lebensmittel dar, die aufgrund möglicher Unverträglichkeitsreaktionen oder deren Verstärkung dafür bekannt sind, dass sie bei entsprechender Empfindlichkeit Migräne auslösen können. Ein möglicher Einfluss durch Lebensmittelallergien wird im Anschluss an dieses Kapitel besprochen. Die Reihenfolge der genannten Lebensmittel ist beliebig und sagt nichts darüber aus, wie häufig die jeweiligen Unverträglichkeiten zu finden sind.

Denken Sie daran: Die Anzahl biogener Amine kann innerhalb einer Lebensmittelgruppe stark schwanken. Ihr Gehalt steigt vor allem im

Zuge der Weiterverarbeitung, Haltbarmachung und Reifung durch Mikroorganismen (Bakterien, Hefen) sowie durch natürliche Alterungsprozesse an. Histamin und andere biogene Amine sind hitzestabil und können weder durch Kochen, Braten, Backen oder Mikrowelle und auch nicht durch Tiefkühlen zerstört werden.

Alkoholische Getränke

Alkoholische Getränke wirken auf verschiedene Weise migränefördernd. Sie sorgen dafür, dass biogene Amine aus dem Darm schneller in den Körper gelangen, blockieren aber gleichzeitig die aminabbauenden Enzyme. Wein, Bier und Spirituosen enthalten zudem, abhängig vom Amingehalt der Rohstoffe und weiterer Faktoren, selbst mehr oder weniger große Mengen an biogenen Aminen. Hohe Amingehalte finden sich vor allem in Rotwein, Spätlesen und Dessertweinen sowie in französischem Champagner.

Dass Rotwein am häufigsten als Auslöser genannt wird, liegt wahrscheinlich daran, dass einige seiner Inhaltsstoffe die Wirkung der im Wein enthaltenen biogenen Amine noch verstärken. Teilweise gelten sie (z. B. bestimmte Flavonoide) selbst als Migräneauslöser. Ist der Wein geschwefelt, so bedeutet dies eine zusätzliche Belastung. Schwefelverbindungen gehören zu den Zusatzstoffen, die aufgrund unspezifischer Histaminausschüttung im Körper Unverträglichkeitsreaktionen auslösen können.

Unabhängig davon steckt in seltenen Fällen eine Schimmelpilzallergie hinter Migräne, die mit Weingenuss in Verbindung gebracht wird.

Essig

Weinessig, speziell Rotweinessig, weist zum Teil hohe Histamingehalte aus.

Käse

Der Gehalt von biogenen Aminen ist abhängig von der Qualität der Rohmilch, dem Herstellungsprozess, den Lagerbedingungen und anderen Faktoren äußerst unterschiedlich. Die höchsten Werte wurden in Käsesorten gemessen, die eine lange Reifezeit erfordern (Emmentaler, Parmesan, Bergkäse, Cheddar). In Rindennähe scheint die Konzentration der biogenen Amine am höchsten zu sein. Vorsicht geboten ist ferner bei vollreifem Schimmelkäse, Käse aus Rohmilch und Schmelzkäse. Butterkäse ist in der Regel gering belastet. Topfen, Hüttenkäse und andere Frischkäse enthalten kaum biogene Amine.

Es wird vermutet, dass auch Milch selbst als Histaminfreisetzter wirken kann. Bei entsprechendem Verdacht, sollte dies geprüft werden und die Milch durch geeignete andere Lebensmittel ersetzt werden.

Schokolade

Unterschiedlicher Gehalt an biogenen Aminen je nach Sorte und Anbaugebiet. Bei der Minimierung der Aufnahme dieser Stoffe ist auch an Kakaogetränke und schokoladehaltige Süßspeisen zu denken. Essen Sie Schokolade höchstens in kleinen Mengen und lassen Sie den zarten Schmelz nicht auf der Zunge zergehen. Das darin enthaltene Thyramin kann dann direkt über die Mundschleimhaut aufgenommen werden.

Rohwurst, Innereien

Der Amingehalt von Fleisch- und Wurstwaren hängt von der Hygiene bei der Herstellung und von der Qualität der Rohmaterialien ab. Frisches Fleisch und Wurst enthalten in der Regel wenig biogene Amine. Die höchsten Werte finden sich in Rohwurst, wie z. B. Salami und Innereien.

Nüsse

Walnüsse gehören zu den Spitzenreitern, was den Gehalt an biogenen Aminen betrifft. Vorsicht bei Backwaren, Kuchen und Keksen! Auch Cashewnüsse sowie die zur gleichen botanischen Familie gehörende Pistazie werden immer wieder als Auslöser erkannt.

Hülsenfrüchte

Neben Bohnen, Erbsen und Linsen gehören Erdnüsse und Sojabohnen zu dieser Gruppe. Für die Förderung der Migräne scheinen vor allem vergorene Lebensmittel aus Soja wie Sojasoße (Soyo) und Sojapaste (Miso) verantwortlich zu sein. Auch geröstete Erdnüsse werden als Auslöser genannt. Über Unverträglichkeiten aufgrund des Verzehrs anderer Hülsenfrüchte ist wenig bekannt. Da Sojaerzeugnisse als Stabilisatoren in Cremes und Backwaren dienen, könnten auch industrielle hergestellte Süßigkeiten zur Aminbilanz in der Nahrung ihren Teil beitragen.

Gemüse

Frisches Gemüse enthält in der Regel nur wenige biogene Amine. In seltenen Fällen ist Spinat von Bedeutung. Etwas häufiger wird über nicht immunologisch bedingte Unverträglichkeiten von Tomaten berichtet. Tomaten und deren Verarbeitungsprodukte (Ketchup!) – insbesondere Tomaten mit langer Haltbarkeit – wirken sogar doppelt migränefördernd: Verglichen mit anderem Gemüse ist ihr Gehalt an biogenen Aminen relativ hoch. Gleichzeitig gehören sie zu den Lebensmitteln, die im Körper zusätzlich unspezifisch Histamin freisetzen können.

Unter vergorenem Gemüse gilt vor allem Sauerkraut als möglicher Migräneauslöser. Ausschlaggebend ist hier die Gärungsqualität. Durch Kochen und anschließendes Abgießen des Kochwassers lässt sich der Gehalt an biogenen Aminen deutlich reduzieren!

Obst

Bananen kommen hier in erster Linie als Migräneauslöser infrage. Sie enthalten einen bunten Cocktail verschiedener biogener Amine, die sich in ihrer Wirkung verstärken. Im Einzelfall können auch die Amingehalte von roten Pflaumen, Himbeeren und Birnen problematisch werden. Ananas hat etwas weniger Amine, steht aber gleichzeitig im Verdacht als Histaminliberator zu wirken. Auch Erdbeeren, Zitrusfrüchte und Kiwis wirken über eine unspezifische Histaminausschüttung migränefördernd.

Der Genuss hochwertiger Säfte aus einer einzigen Fruchtart hilft eventuell auftretende Reaktionen schnell zuzuordnen. Säfte aus Zitrusfrüchten sowie Säfte mit zitronensaurer Note, die mit der Aufschrift „unter Verwendung von Fruchtzuckern gesüßt" versehen sind, sollten Sie meiden.

Fleischextrakt, Hefeextrakt

Industriell hergestellte Fleisch- oder Hefebrühen müssten trotz relativ hohem Amingehalt in der Regel unproblematisch sein, da die aufgenommene Dosis zu niedrig ist. Aufgrund ihres teilweise beachtlichen Gehalts an anderen kopfschmerzfördernden Stoffen (Natriumglutamat...) ist ein Verzicht darauf in vielen Fällen trotzdem ratsam. Die beiden Wirkungen könnten sich gegenseitig verstärken!

Fisch, Meeresfrüchte

Essen Sie nur frischen, einwandfreien Fisch. Vorsicht ist geboten beim Verzehr von Thunfisch, Makrele, Hering und daraus hergestellten Produkten (Fischkonserven, Fischpasten etc.). Dorsch, Scholle, Seelachs, Seehecht und Forelle dagegen gelten generell als aminarm. Mit zunehmender Lagerdauer steigt auch in diesen Fischen der Gehalt an biogenen Aminen an. Meeresfrüchte gehören zur Gruppe der Histaminliberatoren.

Bücklinge, geräucherte Makrelen und Sprotten können unbedenklich gegessen werden, da sie in heißgeräucherter Form selten aminhaltig sind.

Mononatriumglutamat

Ohne diesen Lebensmittelzusatzstoff würde die Lebensmittelindustrie alt aussehen. Glutamat ist als Geschmacksverstärker in fast allen Suppen, Soßen und Fertiggerichten zu finden. Dieser Nervenreizstoff, der auch im Körper vorkommt, gilt als Auslöser des so genannten China-Restaurant-Syndroms. Darunter sind eine Reihe von Beschwerden – auch Migräne – zusammengefasst, die typischerweise nach dem Genuss asiatischer Gerichte auftreten. Glutamat ist hier ein besonders häufig verwendetes Würzmittel. Der hohe Gehalt asiatischer Speisen an Sojasoße oder anderen vergorenen Sojaprodukten könnte die Wirkung des Glutamats im Essen noch verstärken.

Farbstoffe

Unter den in der Europäischen Union zugelassenen Lebensmittelfarbstoffen finden sich einige, die gelegentlich Pseudoallergien auslösen. Am häufigsten wird Tartrazin (E 102) als Migräneauslöser genannt. Ein gelber Farbstoff, der sich überwiegend in Puddingpulver, Brausen und Süßwaren findet.

Seltener sind Chinolingelb (E 104), Gelborange S (E 110), Azorubin (E 122), Amaranth (E 123), Cochenillerot (E 124), Brilliantschwarz (E 151) und Rubinpigment (E 180) Auslöser von Kopfschmerzen und anderen Beschwerden.

Achten Sie auf die Zutatenlisten der Lebensmittel und meiden Sie Fertigprodukte!

Konservierungsstoffe

Aus der Gruppe der Konservierungsstoffe werden insbesondere zwei Stoffgruppen immer wieder mit der Entstehung von Migräne in Verbindung gebracht:

Benzoesäure (E 210–213): v. a. in Fischmarinaden, Fischkonserven, Mayonnaise, Salatsoßen, Salaten aus dem Kühlregal, Süßigkeiten, Halbfettmargarine und Fruchtzubereitungen für Joghurt

Schwefelverbindungen (E 220–227): v. a. in Kartoffelprodukten, Trockenfrüchten, kandierten Früchten, zerkleinertem Meerettich, getrocknetem Gemüse, Süßwaren, Zitrussäften, Fruchtnektaren, vielen Fertigprodukten und im Wein (!) – insbesondere in Spätlesen, Auslesen und Trockenbeerenauslesen

Seltener führen auch Sorbinsäure (E 200) und Thiabendazol (E 233) zu pseudoallergischen Beschwerden.

Süßstoff

Es ist bekannt, dass der Süßstoff Aspartam Migräne mit auslösen kann. Achten Sie auf die Zutatenliste!

Salz, Nitritpökelsalz, Gewürze

Salz kann, ähnlich wie Alkohol, die Wirkung biogener Amine aus Lebensmitteln verstärken und nimmt damit indirekt Einfluss auf die Entstehung von Migräne. Theoretisch könnte sich eine salzarme Kost positiv auf das Migränegeschehen auswirken. Bei hohem Leidensdruck wäre es einen Versuch wert, die Kost ein Vierteljahr lang salzarm zu gestalten.

Pfeffer fördert die rasche Aufnahme von biogenen Aminen und potenziellen Allergenen in den Körper.

Auch Nitritpökelsalz und Muskat werden immer wieder als Migräneauslöser erkannt.

Kaffee und Tee

Koffein hat mehrere Wirkungen, welche für die Migräne relevant sind. Es wirkt gefäßverengend, verstärkt in hoher Dosis vorhandene Ängste, Nervosität und Muskelverspannung und kann Unterzucker auslösen.

Interessant ist, dass Kaffee nicht nur als Migräneauslöser gilt, sondern auch helfen kann, eine Attacke im letzten Moment abzuwehren. Ausschlaggebend für seine Wirkung scheint zu sein, in welcher Phase der Migräneentstehung sich der Betroffene befindet.

Zu beachten ist ferner, dass Coffein in Colagetränken, Energy-Drinks und in vielen Schmerzmitteln zu finden ist. Wird starker Kaffeekonsum in kürzester Zeit eingestellt, droht Koffeinentzugskopfschmerz.

Für einen geringeren Einfluss von Schwarztee spricht, dass bei nachgewiesener Mitwirkung von Kaffee häufig schon die Umstellung auf schwarzen Tee eine wesentliche Besserung der Migräne bringt.

Kaffee und Zitronensaft – Hausmittel gegen die Migräne

Vermischt mit dem Saft einer Zitrone gilt eine Tasse Kaffee als Geheimtipp, der schon vielen geholfen hat, einen Anfall im letzten Moment abzuwenden. Welche Faktoren hier letztlich eine Rolle spielen, ist nicht hundertprozentig geklärt. Möglich wäre eine dem augenblicklichen Stadium der Migräneentstehung entgegenwirkende Ausschüttung von Hormonen und anderen stoffwechselwirksamen Stoffen im Körper. Das wiederum beeinflusst die Weit- oder Engstellung der Gefäße, die Schmerzschwelle, die Stimmung und andere Körperfunktionen. Die Wirkung des Zitronensafts könnte damit zusammenhängen, dass Vitamin C im Körper zu einem oxidativen Abbau (ohne Enzyme) des Histamins führt. Hohe Vitamin-C-Spiegel führen nachweislich zu einer Senkung des Histamins und umgekehrt. Vielleicht stecken aber auch ganz andere Mechanismen dahinter – Hauptsache es hilft!

Bedeutung von Nahrungsmittelallergien

Neueren Untersuchungen zufolge leidet bereits mehr als ein Viertel der Bevölkerung unter einer Allergie. Die größte Gruppe sind die Pollenallergiker. Bis zu 16 % aller Europäer haben inzwischen Heuschnupfen. Nahezu 70 % der Betroffenen reagieren auch gegen pflanzliche Nah-

Verbindungen zwischen Pollen- und Nahrungsmittelallergien

Pollenallergene:	häufig auftretende pflanzliche Nahrungsmittelallergene
Baumpollen:	• **Obst:** vor allem Äpfel (Golden Delicious, Granny Smith, Gala, Braeborn), Nektarinen, Pfirsiche, Aprikosen; **selten:** Birnen, Kischen, Erdbeeren, Zwetschgen, Kiwi, Orange, Gewürze (Fenchel, Dill, Anis, Kümmel), Weizen; • **Nüsse:** v. a. Haselnüsse; **selten:** Mandel, Walnuss, Pistazie • **Gemüse:** Knollensellerie (roh), **selten:** Karotte (roh), Tomate (roh) • diverse Kräuter, Gewürze wie Fenchel, Dill, Anis, Kümmel)
Gras- und Getreidepollen:	• **Getreide:** Getreideprodukte, vor allem roh (z. B. als Müsli) • **Hülsenfrüchte:** vor allem Soja, Erdnuss • **Tomaten, Paprika, Melone**
Beifußpollen/Kräuter:	• **Gemüse:** Stangen- und Knollensellerie (roh und gekocht) • **Gewürze und Kräuter:** Anis, Pfeffer, Oregano, Fenchel, Liebstöckel, Dill, Kümmel. Koriander, Meerettich, Basilikum, Thymian, Majoran, Oregano, Karamom, Ingwer, Knoblauch, Muskat, Zimt, **selten:** Estragon • **Obst:** Mango, Melone, Apfel

rungsmittel allergisch. Die meisten haben saisonal oder ganzjährig Probleme mit Steinobst, Kernobst und Nüssen. Die durch Pollenallergien ausgelösten Allergien gegen Nahrungsmittel entstehen dadurch, dass unser Abwehrsystem häufig keinen Unterschied zwischen Pollenallergenen und den Inhaltsstoffen verwandter Nahrungsmittel erkennt. Man spricht von einer Kreuzallergie. Von weiteren, davon unabhängigen Nahrungsmittelallergien sind nur ca. 3 % aller Erwachsenen betroffen. Bis zu 7 % aller Kinder leiden an Kuhmilchallergie. Nur ein kleiner Teil der Betroffenen reagiert auf seine Allergie mit Migräne. Über Verdauungsprobleme, Heuschnupfen, Hautausschläge und -schwellungen oder Asthma klagen weit mehr Allergiker.

Lebensmittelallergien kommen also nur in seltenen Fällen als Ursache für die Entstehung einer Migräneattacke infrage – zumindest bei Erwachsenen. Unverträglichkeiten spielen hier eindeutig die Hauptrolle. Anders bei Kindern mit Migräneveranlagung: In dieser Gruppe lassen sich im Vergleich zur Allgemeinbevölkerung überproportional häufig Lebensmittelallergien nachweisen. Unverträglichkeiten, zum Beispiel gegen Zitrusfrüchte, sind nicht selten zusätzlich vorhanden. Studienergebnisse deuten darauf hin, dass mehr als zwei Drittel der betroffenen Kinder von einer gezielten Ernährungsumstellung – nach ärztlicher Diagnose und unter fachkundiger Anleitung! – profitieren könnten. (Siehe Loibl, Weber: Migräne bei Kindern erfolgreich behandeln, Trias 1999.)

Wann kommt die Abwehrreaktion in Gang?

Im Falle einer Allergie kommt es nicht, wie bei den Unverträglichkeiten, in erster Linie auf die aufgenommene Dosis des Lebensmittels an. Entscheidend dafür, ob es zu Migräne kommt oder nicht, ist der so genannte Sensibilisierungsgrad. Er bestimmt, ob eine Abwehrreaktion des Körpers (Antikörper) gegen den vermeintlichen Feind aus der Nahrung (Allergen) in Gang gesetzt wird. Bei einem hohen Sensibilisierungsgrad reichen kleine Mengen des Lebensmittels aus, um eine Abwehrreaktion im Körper auszulösen. Eine geringe Sensibilisierung bedeutet, dass relativ große Mengen des betroffenen Lebensmittels noch vertragen werden. Grundsätzlich kann jedes Lebensmittel zum Allergen werden. Wird die individuelle Schwelle für eine Allergie überschritten, kommt es ohne große Abstufungen zu den erwarteten, für den einzelnen typischen Symptomen. Es gilt das „Alles oder Nichts"-Prinzip.

Ein weiterer Einflussfaktor darauf, ob es zu einer allergischen Reaktion kommt oder nicht, ist die Aggressivität des jeweiligen Allergens. Die allergieauslösenden Stoffe von Fischen oder Nüssen sind so aggressiv, dass schon kleine Mengen eine starke Sensibilisierung zur Folge haben können, andere Allergene jedoch lösen äußerst selten Reaktionen aus. Viele Lebensmittel sind gekocht besser verträglich als roh (z. B. Milch, Obst), weil die Allergenität durch Erhitzen geringer wird.

Auch lässt jemand, der im Moment körperlich und psychisch in besonders guter Verfassung ist, der Allergie weniger Chancen, sich durchzusetzen, als jemand, der gerade eine Darminfektion durchgemacht hat, oder anderweitig gestresst ist.

Wie komme ich den Übeltätern auf die Spur?

Lebensmittel, gegen die sich in Folge der Führung des Migränetagebuchs ein begründeter Verdacht ergibt, sollten Sie auf keinen Fall auf eigene Faust dauerhaft aus dem Speiseplan streichen. Im Falle von Grundnahrungsmitteln wie Weizen oder Milch könnte ein solches Vorgehen geradezu gefährlich werden, da Mangelerscheinungen drohen. Sprechen Sie über Ihre Beobachtungen auf jeden Fall mit Ihrem Arzt. Er wird bei Bedarf mithilfe entsprechender Blut- und Hauttests (z. B. Rast-, Pricktest) prüfen, ob eine Allergie vorliegt. Aber Vorsicht: Selbst wenn sich aus den Testergebnissen eine Sensibilisierung gegen ein bestimmtes Lebensmittel ablesen lässt, heißt das noch lange nicht, dass diese ausreicht, um auch nach dessen Verzehr Symptome auszulösen. Erst die Durchführung einer Diät, welche die bis hierher gewonnenen Erkenntnisse berücksichtigt, gibt letzte Sicherheit über die Relevanz eines Lebensmittels als Allergieauslöser.

Fällt ein entsprechender Allergietest negativ (kein Hinweis auf eine Allergie vorhanden) aus, könnte immer noch eine Unverträglichkeit biogener Amine oder histaminfreisetzender Lebensmittel dahinterstecken. Auch in dem Fall ist die Diät die sicherste Methode, um den Übeltätern auf die Spur zu kommen.

**Folgende Vorgehensweisen haben sich bewährt:
Auslassdiät (Eliminationsdiät) + Provokationstest**

Eine Auslassdiät hat dann Sinn, wenn man sicher weiß, welche Lebensmittel man auslassen möchte – egal ob es sich um eine Allergie oder eine andere Unverträglichkeit handelt. Voraussetzung für den Erfolg ist ein begründeter Verdacht (Protokoll, Allergietest), dass die Migräne durch diese Lebensmittel mitausgelöst wird. Die betroffenen Lebensmittel und Produkte, die Teile des Nahrungsmittels enthalten – oder enthalten könnten (!) –, werden für mindestes eine, besser zwei oder drei Wochen aus dem Speiseplan gestrichen und anschließend nach und nach wieder eingeführt – diese Phase nennt man Provokationstest.

Der Nachteil dieses einfachen Verfahrens ist, dass entweder falsche oder nicht alle verantwortlichen Lebensmittel erfasst werden. Bei der Suche nach Allergenen ist zu beachten, dass natürlich auch die Kreuzallergene gemieden werden müssen, um das Ergebnis nicht zu verfälschen.

Eine Auslassdiät sollte individuell zusammengestellt und unter ärztlicher Aufsicht, am besten zusätzlich unterstützt durch eine Ernährungsfachkraft, durchgeführt werden. Beim Verdacht auf eine schwere Allergie gegen ein bestimmtes Lebensmittel sollte bei der Wiedereinführung immer ein Arzt zugegen sein. Werden starke Reaktionen aufgrund der bisherigen Beobachtungen nicht erwartet, können die Provokationstests in Absprache mit dem Arzt auch zu Hause durchgeführt werden.

Bei der oligoantigenen Diät wird ein Speisplan aufgestellt, der aus einer überschaubaren Anzahl von Lebensmitteln besteht, die erfah-

Beispiel einer für Migräniker geeigneten oligoallergenen Diät

- Brot aus Roggenmehl, Sauerteig, Wasser, Salz (evt. geringer Weizenanteil)
- Butter
- Gekochter Schinken (vom Metzger)
- Reis, Kartoffeln, eifreie Nudeln
- Rindfleisch (als Braten nicht kurzgebraten) auch als Brotbelag zu verwenden
- Putenfleisch, auch als Brotbelag
- Gekochtes Gemüse: Karotten, Blumenkohl, Brokkoli, Zucchini, Spargel
- Rohes Gemüse: Salatgurke und Radieschen
- Obst: Birne und Melone
- Sahne und Frischkäse, nur wenn eine Kuhmilchallergie nicht wahrscheinlich ist
- Rübenkraut
- Zum Kochen und Backen: Maiskeimöl, Reformhaus-Margarine, Salz, wenig milder weißer Pfeffer, Zucker (in Maßen!)
- Getränke: Mineralwasser, Kräutertee, 2 Tassen schwarzer Tee oder Kaffee pro Tag, evtl. ein Vitamin- und Mineralstoffpräparat (in Absprache mit dem behandelnden Arzt)

Eine allgemein gültige oligoallergene Diät gibt es nicht! Dieser Plan muss im Einzelfall abhängig von den Ergebnissen der Auswertung des Ernährungstagebuchs und eventuell durchgeführter Allergietests variiert werden, um individuellen Bedürfnissen zu genügen.

Quelle: modifiziert nach Thiel, Gut leben trotz Nahrungsmittelallergie, Trias 1997

rungsgemäß selten Migräne auslösen. Lebensmittel, die häufig Allergien auslösen, sollen ebenso gemieden werden, wie häufige Auslöser von anderen Unverträglichkeiten. Die Dauer dieser Diät sollte drei Wochen nicht überschreiten. Danach wird Lebensmittel für Lebensmittel im Abstand von mehreren Tagen wieder eingeführt. Auch eine oligoallergene Diät sollte immer unter ärztlicher Aufsicht und unter Einbeziehung einer Ernährungsfachkraft durchgeführt werden.

Achtung: Die Zuordnung der Migräne zu einem häufig verzehrten Lebensmittel kann im Falle einer Allergie schwierig werden. Bei „Überladung" mit dem Allergen (z. B. Kuhmilch) kommt es unter Umständen zu einem chronischen Krankheitsverlauf. Die Folge wären immer wiederkehrende Kopfschmerzattacken, die scheinbar unabhängig vom Verzehr des allergieauslösenden Lebensmittels auftreten.

Was sagen die Diätbeobachtungen aus?

Bei aller Freude über eine mögliche Besserung der Migräne im Laufe der Diät darf nicht vergessen werden, dass jede Ernährungsumstellung den Körper zu Änderungen im Stoffwechsel anregt. Auch die Migräne kann sich dadurch bessern, zumindest für einige Zeit. Dazu kommt, dass der Glaube Berge versetzen kann. Bei der Migräne machen Fachleute besonders häufig die Erfahrung, dass allein schon die Hoffnung auf Besserung hilft, den Kopfschmerz einzudämmen.

In wissenschaftliche Studien, bei denen Migränepatienten nicht wissen, ob sie Placebo (Scheinmedikamente aus Zucker etc.) oder moderne Migränemedikamente bekommen, wird den Zuckerpillen oft eine ähnliche Wirksamkeit attestiert wie dem echten Medikament.

Bei einer Allergie wäre zudem eine deutlich verringerte Sensibilisierung denkbar, die so weit gehen kann, dass die Symptome auch in Zukunft ausbleiben.

Individuelle Auslöser meiden – was ist zu beachten?

Sie haben den einen oder anderen Übeltäter aus der Nahrung identifiziert? Dann sollten Sie jetzt abwägen, ob der Aufwand einer entsprechenden Diät wirklich im Verhältnis zum Nutzen (in unserem Fall: weniger und/oder schwächere Attacken) steht. Essen sollte weiterhin Spaß machen. Die Kost muss ausgewogen zusammengesetzt sein, der Genuss darf nicht zu kurz kommen. Nur dann macht eine Diät wirklich Sinn. Gerade beim Migräniker können kleine Engpässe bei der Versorgung mit Vitaminen und Mineralstoffen große Wirkung haben!

Im Falle einer Allergie müssen, je nach Sensibilisierungsgrad und Aggresivität der entsprechenden Allergene, ganz klare Verhaltensregeln eingehalten werden, um zu verhindern, dass das betreffende Lebensmittel Migräne auslöst. Vielleicht müssen Sie auf bestimmte Lebensmittel ganz verzichten, vielleicht auch nur auf bestimmte Zubereitungsarten desselben.

Im Gegensatz dazu steht bei den Unverträglichkeiten die individuelle Verträglichkeitsschwelle im Vordergrund. Rotwein + Schimmelkäse macht vielleicht nichts aus. Rotwein + Schimmelkäse + glutamathaltige Hefebrühe und dazu noch der Ärger mit der Nachbarin dagegen reichen aus, einer sich anbahnenden Migräneattacke den Startschuss zu verpassen.

Hürden im Alltag

Diese Vorgaben einzuhalten, ist so lange kein Problem, wie Sie Ihr Essen selbst und nur mit frischen Zutaten zubereiten, deren Herkunft Sie kennen. In der Großküche sieht das Ganze schon anders aus. Als Soßengrundlage dienen hier nicht selten Soßenfonds, die aus Suppengemüse und Knochenschrot hergestellt werden. Soja- und Hefeextrakte geben die nötige Würze. Wenn Sie den Eindruck nicht loswerden, dass ihre Migräne mit der Kantinenkost zusammenhängt, sollten Sie gezielt nachfragen. Leichter haben es da all diejenigen, die nur ab und zu auswärts Essen gehen. Mit der Zeit bekommen Sie ein Gefühl dafür, in welche Restaurants Sie am besten gehen und was Sie dort ohne Reue bestellen können.

Im Alltag das größte Problem stellt das schier endlose Angebot unserer Supermärkte dar, das größtenteils aus industriell vorbearbeiteten oder zubereiteten Lebensmitteln besteht. Angefangen von der Gemüsebrühe über Soßenzubereitungen, Tiefkühl-Fertiggerichte bis hin zu der Vielzahl der Molkereiprodukte aus dem Kühlregal: Alles ist schmackhaft gewürzt oder gesüßt, auf verschiedenste Weise haltbar gemacht und farblich so abgestimmt, dass wir das Gefühl haben, unbedingt zulangen zu müssen.

Leider ist längst nicht alles, was wir kaufen können, mit einer Zutatenliste versehen. Und selbst da, wo uns Kleingedrucktes unter der Überschrift „Zutaten" in absteigender Reihenfolge über den Inhalt des entsprechenden Lebenmittels aufklären sollte, gibt es Lücken. Diese sollten Sie kennen, wenn Sie ein bestimmtes Lebensmittel oder einen Zusatzstoff wegen ihrer Migräne im Auge behalten möchten.

Eine Maßnahme, mit der Migränepatienten immer richtig liegen, ist der weitgehende Verzicht auf Fertigprodukte und andere stark verarbeitete Lebensmittel. Es gilt der Grundsatz: Je natürlicher Lebensmittel sind, desto weniger Zusatzstoffe – versteckt oder offen ausgewiesen – sind zu erwarten.

Praxishilfe durch Positivlisten

Nur wer weiß, wo seine ganz persönlichen Auslöser versteckt sein könnten, kann ihnen auch aus dem Weg gehen. Lassen Sie sich von

Die wichtigsten Lücken und Tücken der Zutatenliste:

Von der Deklaration ausgenommen sind:

- offene, unverpackte Lebensmittel;
- abgepackte Nahrungsmittel, die im Laden selbst hergestellt werden und an der Theke verkauft werden;
- Portionspackungen, deren größte Fläche kleiner als 10 cm^2 ist;
- Portionspackungen, die an Kantinen und Gaststätten abgegeben werden und deren größte Fläche kleiner als 35 cm^2 ist;
- alkoholische Getränke mit mehr als 1,2 Vol.-% Alkohol;
- Zusatzstoffe, die im Endprodukt keine technologische Wirkung mehr haben (dazu gehört z. B. der Zusatz von Sorbinsäure zur Haltbarmachung eines Fruchtjoghurts);
- Ist eine zusammengesetzte Zutat zu einem geringeren Anteil als 25 % in einem fertigen Produkt enthalten, so müssen deren Inhaltsstoffe auf der Zutatenliste des Endprodukts nicht aufgezählt werden (z. B. Schokolade in einem Kuchen, Nudeln als Suppenzutat, Restbrotanteil aus anderen Brotsorten in einem Brot);
- Als Zutaten gelten nicht: Aromen, Enzyme und Mikroorganismenkulturen, die in einer oder mehreren Zutaten eines Lebensmittels enthalten sind und in dem Endprodukt keine technologische Wirkung mehr haben (z. B. inaktiviert durch Erhitzen, wie Schimmelpilzenzyme zur Herstellung und Klärung von Fruchtsäften oder als Zusatz von Mehl- oder Backmischungen);
- Schokolade und Schokoladenerzeugnisse unterliegen der Kakaoverordnung. Sie besagt unter anderem, dass Lebensmittel, die in nicht unterscheidbarer Weise mitverarbeitet wurden und weniger als 5 % des Gesamtgewichts des Fertigerzeugnisses betragen, nicht deklariert werden dürfen (Abs. 3.3. KakaoVO). Danach können beispielsweise Nüsse, Eigelb, Hühnereiweiß, Sojamehl, Joghurt, Honig u. a. mehr bis zu 5 % in der Schokolade enthalten sein, ohne im Produkt erkennbar zu sein und auf der Zutatenliste zu erscheinen.

einer qualifizierten Ernährungsfachkraft beraten. Sie wird Ihnen wertvolle Tipps dazu geben, wo und in welchen Mengen Sie mit Ihren Auslösern rechnen müssen. Mindestens genauso wertvoll für Alltag ist eine Aufstellung der Lebensmittel, oder Lebensmittelgruppen, die Sie essen können, ohne Auswirkungen auf Ihre Migräne befürchten zu müssen. Auch sie wird im Rahmen einer Ernährungsberatung erstellt. Im Idealfall ist die daraus resultierende Ernährungstherapie Teil eines interdisziplinären Therapieplans gegen die Migräne.

Essgewohnheiten mit indirektem Einfluss auf die Migräne

Neben den bereits genannten direkten Einflussfaktoren gilt es einige typische Ernährungsgewohnheiten unserer Zeit zu beachten, die uns in verschiedener Hinsicht nicht gut tun: Sie wirken sich ungünstig auf die momentane Leistungs- und Konzentrationsfähigkeit aus, sind langfristig gesundheitsschädlich und können Migräneattacken fördern. Auch hier gilt: Ob und wie stark die genannten Faktoren im Einzelfall mitwirken, muss jeder selbst herausfinden. So oder so lohnt es sich, das eigene Essverhalten einmal genauer unter die Lupe zu nehmen.

Vorsicht Unterzucker!

Die Regale in den Geschäften sind voll von Riegeln, Schnitten und anderen Leckereien für den „kleinen Hunger zwischendurch". Die Power-Snacks sind praktisch, versorgen unseren Körper mit Energie und jeder Menge Vitamine und Mineralstoffe – das verspricht zumindest die Werbung. In Wahrheit ist ihre Nährstoffzusammensetzung nur selten

Teufelskreis Blutzuckerspiegel

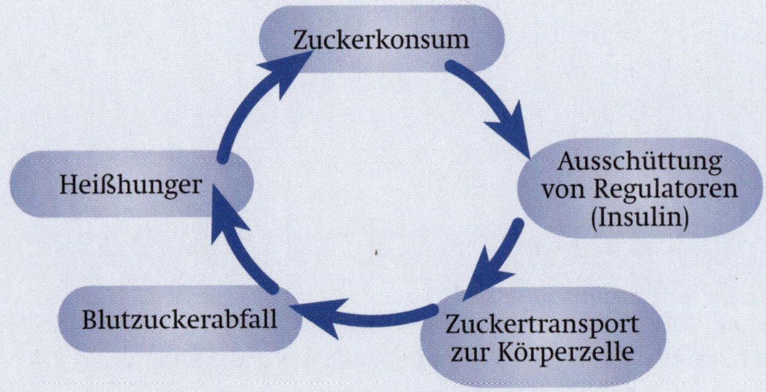

günstig. Der hohe Anteil an schnell verfügbarem Zucker in diesen Süßwaren sorgt dafür, dass unser Blutzuckerspiegel kurzfristig in die Höhe schnellt. In der Folge wird rasch ein Großaufgebot an Regulatoren (das Hormon Insulin) herangeschafft, die den überflüssigen Zucker so schnell wie möglich dorthin bringen sollen, wo er als Energielieferant gebraucht wird: in die Körperzellen. Noch bevor der Körper diesem Treiben durch Gegenregulierung Einhalt gebieten kann, ist der Blutzuckerspiegel weiter abgesunken als erwünscht, es kommt zu Unterzucker (Hypoglykämie). Unabhängig davon, wie viel Zucker im Körper verteilt zur Verfügung steht, kommt es erneut zu einem Hungergefühl – nicht selten zu Heißhunger auf neue Süßigkeiten. Der Kreislauf beginnt von neuem!

Vieles deutet darauf hin, dass Migräniker, die biogene Amine schlecht vertragen, besonders häufig empfindlich auf Schwankungen im Blutzuckerspiegel reagieren. Die Betroffenen klagen über Migräneattacken oder Leistungsminderungen in der Folge von Unterzucker. Allerdings stellt sich hier die Frage, was zuerst da war, das Huhn oder das Ei. Denn Heißhunger auf Süßes gehört, unabhängig von unseren Essgewohnheiten, zu den typischen Vorboten einer Migräneattacke. Wer diesem Hungergefühl in der Vorphase einer Attacke mit Süßem nachgibt, fördert neue Kapriolen des Blutzuckerspiegels und gießt auf diese Weise Wasser auf die Mühlen der Migräne!

Eine mögliche Erklärung für den migränetypischen Heißhunger ist die Tatsache, dass im Vorfeld einer Migräneattacke eine vermehrte Ansammlung von freien Fettsäuren (alternative Energiequelle) im Blut zu beobachten ist, die auch für den Zustand von Unterzucker typisch ist. Diese freien Fettsäuren scheinen zusammen mit anderen Faktoren im Laufe der Migräneentstehung für einen Anstieg der Konzentration von Serotonin und anderen migränefördernden biogenen Aminen im Blut zu sorgen.

Auch gibt es Studienergebnisse, die dafür sprechen, dass Unterzucker zum Absinken der Schmerzschwelle führt. Schmerzen werden in der Folge eher als solche wahrgenommen und stärker empfunden werden.

Übrigens: Unterzucker droht auch nach schwerer körperlicher Arbeit oder Alkoholgenuss!

Migräne und Süßigkeiten

In der Fachliteratur findet sich ein kurioses Beispiel für den Teufelskreis Migräne und Süßigkeiten. Es zeigt, dass Süßigkeiten keineswegs nur Migräne mit auslösen, sondern in Sonderfällen auch stoppen können. Beschrieben wird der Fall eines Mädchens, bei dem Unterzucker mehrmals täglich Migräne auslöste. Mit der Zeit erkannte das Kind, dass es die Migräneattacken abwenden konnte, indem es rechtzeitig mit süßen Snacks gegensteuerte. Der Blutzuckerspiegel stieg, um kurz darauf um so steiler abzufallen. Auf diese Weise schlitterte es von einer Hypoglykämie in die nächste. Unangenehme Nebenwirkung dieser „Bonbontherapie“ war ein stetig steigendes Körpergewicht. Mithilfe einer medikamentösen Behandlung der Migräne und sinnvoller Diät konnte dieser Teufelskreis schließlich durchbrochen werden.

Viele kleine Mahlzeiten halten fit

Wer fünf- oder sechsmal täglich kleine Portionen vollwertig zusammengestellter Mahlzeiten zu sich nimmt, sorgt für einen gleichmäßigen Verlauf der Blutzuckerkurve und läuft gar nicht erst Gefahr, Heißhunger

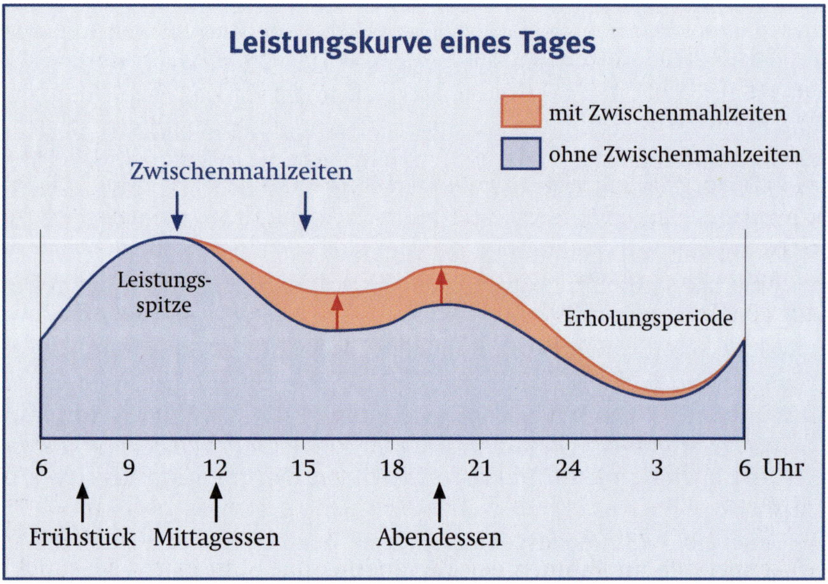

auf süße Riegel oder Ähnliches zu bekommen. Anstelle der Power-Riegel eigen sich Obst, Trockenobst oder andere Snacks als Zwischenmahlzeit. Die Hauptmahlzeiten sind „leichter“ zusammengestellt als bei drei Mahlzeiten üblich. Pflanzliche Lebensmittel spielen die Hauptrolle. So bleiben Sie länger satt, die Verdauungsarbeit ist weniger belastend.

Ballaststoffe für eine gute Verdauung

Einer der Vorzüge pflanzlicher Nahrungsmittel wie Kartoffeln, Hülsenfrüchte, Brot, Obst und Gemüse, ist deren Gehalt an Ballaststoffen.

30 Gramm dieser unverdaulichen Pflanzenstoffe sollten wir täglich mit dem Essen aufnehmen. Denn je mehr Ballaststoffe im Darm ankommen, um so langsamer gelangt der in der Nahrung vorhandene Zucker ins Blut – eine weitere Möglichkeit, den Blutzuckerspiegel in geregelten Bahnen zu halten!

Dazu kommt, dass Ballaststoffe regulierend auf die Verdauung wirken: Sie sorgen für weichen und regelmäßigen Stuhlgang und wirken dadurch vorbeugend gegen Verstopfung. Ein Volksleiden, das langfristig gesundheitsschädlich ist und zu allem Überfluss auch noch migränefördernd wirkt: Aufgrund der längeren Verweildauer des harten Stuhls im Dickdarm werden biogene Amine gebildet, die sich im Laufe der Zeit den Weg durch die Darmschleimhaut ins Körperinnere bahnen.

Flüssigkeit braucht der Mensch

Trinken Sie mindestens eineinhalb bis zwei Liter Flüssigkeit täglich, besser noch mehr. Verteilen Sie die Getränkezufuhr über den ganzen Tag, denn exzessive Flüssigkeitsaufnahme ist ebenso wie exzessiver Flüssigkeitsverlust (z. B. durch Sport an heißen Sommertagen) für seine migränefördernde Wirkung bekannt! Achten beim Kauf von Mineralwasser auf den Gehalt an Kalzium und Magnesium (>300 mg Ca und >100 mg Mg).

Kaffee und alkoholische Getränke gelten als Genussmittel und sollten zur Grundversorgung möglichst nicht dazu gezählt werden.

Fasten – ja oder nein?

Naturheilkundler schwören auf die wohltuende Wirkung des Fastens und empfehlen moderate Formen mit geringer Kalorienzufuhr durch Säfte oder zum Beispiel auch Gemüsebrühe (selbst gemacht!) als Therapie für eine Vielzahl von Krankheiten. Ob eine ein- oder mehrwöchige Fastenperiode im Rahmen der Migränetherapie Sinn macht oder nicht, wird von Fachleuten unterschiedlich beurteilt. Dafür spricht unter anderem der Erfolg, den entsprechend spezialisierte Kliniken mit der Fastentherapie auch bei Migränikern haben. Aber: eine zumindest kurzfristige Besserung der Beschwerden könnte dabei auch auf die das Nervensystem reizende Wirkung jeglicher Ernährungsumstellung zurückgeführt werden. Die Erfahrung zeigt auch, dass Migräneanfälle zumindest in der Anfangsphase des Fastens verstärkt auftreten – unter anderem könnte die für die Zeit des Fastens typische erhöhte Konzentration freier Fettsäuren im Blut ein Grund dafür sein. Für Migränepatienten, die auf Unterzucker empfindlich reagieren, ist Fasten auch deshalb nur unbedingt geeignet. Gleiches gilt für die Vielzahl der Migränepatienten, die eher untergewichtig sind. Für Patienten mit starkem Übergewicht dagegen scheint sich Fasten unter ärztlicher Aufsicht, am besten in einer Klinik, zu lohnen. Fachleute berichten von guten Erfahrungen mit diesen Migränepatienten. So oder so: Den größten Erfolg bringt eine Fastentherapie, wenn sie den Einstieg in eine insgesamt gesündere, die Migräne zurückdrängende Ernährungsweise bildet.

Kann der Körper übersäuern?

In der Diskussion um mögliche Ursachen der Migräne und anderer chronischer Krankheiten wird – vor allem von Naturheilkundlern – immer wieder auch eine mögliche „Übersäuerung“ des Körpers genannt. Was steckt dahinter? Während die Schulmediziner sagen, dass überschüssige Säuren vom stoffwechselgesunden Menschen einfach ausgeschieden werden, führen naturheilkundlich orientierte Ärzte an, dass diese „Selbstreinigung“ bei ständiger Überlastung durch Säurebildner (Fleisch, Eier, Käse, Weißmehl und Zucker) ins Stocken kommt. Sie gehen davon aus, dass überschüssige Säuren zum Teil im Körper zwischengelagert werden müssen und dem Körper durch diese „Übersäuerung“ unter anderem Mineralstoffe entzogen werden. Nicht nur für die Migränevorbeugung, sondern für unsere Gesundheit im Allgemeinen aber ist ein ausgeglichenes Verhältnis aller Nährstoffe zueinander wichtig.

Deshalb der Rat der Naturheilkundler, den Körper durch „Fasten“ zunächst zu entlasten und anschließend auf eine Kost umzusteigen, die viel Gemüse, Obst, Kartoffeln und Vollkornbrot als „basischen“ Ausgleich enthält. Kurz und gut, die Empfehlungen entsprechen in etwa dem, was im Rahmen einer schmerzgesunden Ernährung empfohlen wird. Dass eine solche Kost – unabhängig von der Säure-Basen-Diskussion – einen Beitrag zur Migränevorbeugung leisten kann, ist unbestritten.

Die schmerzgesunde Ernährung

Die Erkenntnisse der modernen Schmerzforschung bieten eine weitere Chance, die Migräne in Schach zu halten. Wir wissen inzwischen, dass Prozesse im Gehirn, die das menschliche Schmerzempfinden steuern, mithilfe der Ernährung gezielt beeinflusst werden können. Nicht nur bei der Migräne, auch bei anderen Kopfschmerzarten sowie weiteren chronischen Schmerzerkrankungen, wie Rheuma oder Osteoporose kommt einer bedarfsgerechten, der Situation angepassten Ernährung eine größere Bedeutung zu als allgemein bekannt ist.

Wie Essen das Gehirn beeinflusst

Wo aber ist der Zusammenhang zwischen Ernährung und Schmerz? Jeder von uns weiß aus eigenem Erleben, dass Schmerzen etwas sehr Subjektives sind. dass selbst ein und dieselbe Person ist nicht immer gleich schmerzempfindlich ist, hängt mit ganz speziellen Vorgängen im Gehirn zusammen. Unser Denken und Fühlen wird zum Großteil durch Botenstoffe (Neurotransmitter) gesteuert, die zwischen den Nervenzellen im Gehirn hin und her pendeln. Es herrscht eine Art Fährverkehr, bei dem die ca. 60 Botenstoffe – mit unterschiedlichsten Aufgaben im Stoffwechsel – den Fähren entsprechen. Zusammengebaut werden sie in gehirneigenen „Werften". Als Rohstoff dienen verschiedenen Eiweißbausteine (Aminosäuren). Diese wiederum stammen – wie sollte es anders sein – aus unserer Nahrung.

So entstehen Glückshormone

Der Eiweißbaustein Tryptophan zum Beispiel ist Rohstoff für die Produktion eines biogenen Amins, das nicht nur im Gehirn als Botenstoff, sondern auch in der Nahrung vorkommt, das Serotonin. Den Umweg der Bildung von Serotonin aus Tryptophan nimmt der Körper deshalb in Kauf, weil er auf diese Weise besser steuern kann, wie viel dieses hochwirksamen Botenstoffs zu welcher Zeit im Gehirn vorhanden ist. Im Blutkreislauf vorhandenes Serotonin wird normalerweise durch die so genannte Blut-Hirn-Schranke, abgeblockt. Letztere hat die Aufgabe, unerwünschte Stoffe von der Schaltzentrale Gehirn fernzuhalten. Nur bei zu hoher Konzentration im Blut – durch eine Überlastung der aminabbauenden Enzyme möglich – kann Serotonin von außen einsickern.

Steuerung des Schmerzempfindens

Für Migränepatienten ist Serotonin in mehrfacher Hinsicht von Bedeutung. Stark schwankende Serotoninspiegel im Blut spielen während des Migräneanfalls eine Schlüsselrolle. Dieser unerwünschten Wirkung des im Blut zirkulierenden Serotonins stehen wichtige „alltägliche" Aufgaben gegenüber, die Serotonin aus körpereigener Produktion als Botenstoff im Gehirn erfüllt. In dem Fall dient es sogar der Migränevorbeugung. Denn während zu wenig Serontonin-Fähren im Gehirn schlechte Laune bringen und niedrige Serotoninspiegel schmerzempfindlicher machen, schützt ein optimaler Serotoninspiegel vor Schmerzen aller Art. Die Schmerzschwelle steigt, wir werden unempfindlicher gegen Schmerzen! Gleichzeitig steigt das Wohlbefinden, weshalb Serotonin auch als Glückshormon bezeichnet wird. Hier liegt unsere Chance. Mithilfe großzügiger „Rohstofflieferungen" (Trytophan) an die „Werften" im Gehirn können die Produktionsbedingungen für das Serotonin optimiert werden. Zu viel Nahrungs-Serotonin dagegen könnte bei entsprechender Unverträglichkeit das körpereigene Gleichgewicht stören.

Tryptophan – Medikament mit Nebenwirkungen

Diese Erkenntnisse über die Wirkmechanismen des Tryptophans als Vorläufer von Serotonin wurden bereits in den 70er Jahren in der medikamentösen Therapie umgesetzt. Der Wirkstoff L-Tryptophan wurde von 1976 bis November 1989 aufgrund der offenbar vergleichbaren Mechanismen von Schmerz und Depression (jeweils erniedrigter Serotoninspiegel) als Antidepressivum und in der Schmerztherapie eingesetzt. Nachdem sich Berichte über starke Nebenwirkungen (so genanntes Eosinophiles Myalgie-Syndrom) häuften, die im Zusammenhang mit L-Tryptophan-Präparaten sowie L-5-Hydroxytryptophan (Zwischenstufe bei der Serotoninbildung) aufgetreten waren, mussten die Medikamente vom Markt genommen werden. Die Zuführung von Tryptophan im Rahmen einer Diät dagegen ist frei von Nebenwirkungen und hat dadurch an Bedeutung noch gewonnen!

Kohlenhydrate für die körpereigene Schmerzmittelproduktion

Der Schlüssel zum Glück ist also der Eiweißbaustein Tryptophan. Wer glaubt, besonders viel eiweißreiches Fleisch und Wurst essen zu müssen, um seine Schmerzschwelle anzuheben, irrt allerdings. Diese Lebensmittel sind zwar reich an Tryptophan, liefern aber auch jede Menge weiterer Eiweißbausteine. Diese konkurrieren mit dem Tryptop-

Tryptophanreich essen – Migräne vorbeugen

Für eine tryptophanreiche Ernährung essen Sie reichlich:

- Pflanzliche Lebensmittel wie Haferflocken, Müsli, Weizenkleie, Roggenvollkornbrot, Erdnüsse, Walnüsse, Sonnenblumenkerne, Sesam, Hülsenfrüchte
- Fisch, vor allem Kaltwasserseefische wie Makrelen, Lachs, Hering, Sardine (individuelle Verträglichkeit beachten!)
- Davon sollten Sie etwas weniger essen (Vorsicht Fett!): Hartkäse wie Parmesan, Emmentaler, Edamer, Tilsiter (beim Käse individuelle Verträglichkeit von biogenen Aminen beachten!), Quark, Frischkäse, Milch, Joghurt

Und nur ab und zu essen Sie:

- Fleisch, denn dem hohen Gehalt an Tryptophan stehen unerwünscht hohe Werte eines Fettbestandteils (Arachidonsäure) gegenüber, der eher schmerzfördernd wirkt.

han um den Eintritt ins Gehirn und haben dabei auch meist die Nase vorn. Die Folge ist: Das Tryptophan bleibt auf der Strecke und die körpereigene Schmerzmittelproduktion kommt ins Stocken.

Ein leckeres Müsli mit Obst, eine große Portion Kartoffeln oder Nudeln dagegen ebnen dem Tryptophan den Weg. Der Abbau der in diesen und allen anderen pflanzlichen Lebensmitteln enthaltenen Kohlenhydrate (Stärke und Zucker) ist gleichzeitig das Signal dafür, viele der konkurrierenden Eiweißbausteine vermehrt in die Muskeln einzubauen. Das verschafft dem Tryptophan freie Fahrt ins Gehirn. Ganz nebenbei liefern pflanzliche Lebensmittel, sofern sie von der Industrie nicht bis zur Unkenntlichkeit „veredelt“ wurden, jede Menge Ballaststoffe. Diese sorgen für geregelten Stuhlgang und wirken auf diese Weise zusätzlich gegen den die Migräne.

Qualität ist Trumpf

Die Quintessenz lautet: Wer mithilfe eines tryptophanreichen Speiseplans den Kopfschmerzen Paroli bieten will, sollte gleichzeitig nicht zu viel Eiweiß aus Fleisch, Wurst, dafür aber um so mehr Kohlenhydrate auf den Tisch bringen. Keine Sorge, die Versorgung mit hochwertigem Eiweiß ist bei dieser Ernährungsweise gesichert. Nicht nur im Fleisch steckt „ein Stück Lebenskraft", wie uns die Werbung weismachen will. Die Mischung verschiedener Eiweißbausteine, die sich aus der Kombi-

Hochwertige Eiweißkombinationen:

- Kartoffen mit Ei
- Kartoffeln mit Milch
- Kartoffeln mit Quark, Joghurt oder Käse

Als Beispiel: Pellkartoffeln mit Quark, Kartoffelbrei

- Getreideprodukte mit Milch
- Getreideprodukte mit Quark, Joghurt oder Käse
- Getreideprodukte mit Hülsefrüchten (Bohnen, Erbsen, Linsen)

Als Beispiel: Müsli, Nudeln mit Käse, Käsebrot, Pfannkuchen, Bohneneintopf mit Brot

nation von pflanzlichem und tierischem Eiweiß oder verschiedenen pflanzlichen Lebensmitteln untereinander ergibt, ist zum Teil sogar hochwertiger als das hochgelobte Fleisch.

Eine Ernährung mit Betonung auf pflanzliche Lebensmittel hat den Vorteil, hochwertiges Eiweiß zu liefern, davon aber nicht zu viel. Darüber hinaus lässt sich auf diese Weise auch der Gehalt an tierischen Fetten, die sich ungünstig auf die Migräne auswirken könnten, gut begrenzen.

Kohlenhydrathunger nach Eiweißmast

Was passiert, wenn jemand kaum Kohlenhydrate isst und sich stattdessen einer Eiweiß- und Fettmast unterzieht, lässt sich am besten an den typischen Folgen der Atkins-Diät aufzeigen. Bei dieser von einem amerikanischen Arzt propagierten Ernährungsweise kann man sich den Bauch mit Fleisch, Wurst, Käse und Eiern vollschlagen. Mit der Zeit führen diese unsinningen Diätvorschriften zu einem Serotoninmangel im Gehirn. Stimmungstiefs und ein Riesenhunger nach Kohlenhydraten sind die Folge. Die Betroffenen lechtzen geradezu nach Brot, Nudeln, Kartoffeln, Obst und Gemüse.

Magnesium – Allrounder unter den Mineralstoffen

Für eine Kost, die überwiegend aus pflanzlichen Lebensmitteln besteht, spricht auch die Tatsache, dass sich darunter unsere wichtigsten

Magnesiumlieferanten befinden. Getreide, Gemüse, Nüsse und Samen sind besonders reich an diesem Mineral, das als „Leistungsträger" im Stoffwechsel fungiert. Es gibt kaum einen Prozess beim Auf-, Ab- und Umbau der Kalorien liefernden Nährstoffe, der nicht durch Magnesium angekurbelt wird. Als so genanntes Anti-Stress-Mineral sorgt es für Entspannung, ohne zu ermüden. Die Übertragung von Nervensignalen an den Muskeln funktioniert nur dann reibungslos, wenn genug Magnesium zur Verfügung steht und gleichzeitig das Verhältnis zu anderen Stoffwechselhelfern wie Kalzium stimmt. Auch für einen reibungslosen Ablauf des Umbaus von Fettsäuren im Körper wird es gebraucht. Kein Wunder, dass Magnesiummangel migränefördernd wirkt – eine Beobachtung, die in mehrern Studien bestätigt werden konnte.

Therapieerfolge mit Magnesium

Über den therapeutische Einsatz von Magnesium (500–600 mg/Tag) als Arznei zur Migränevorbeugung wird noch kontrovers diskutiert. Mehrere Studien haben gezeigt, dass die prophylakische Gabe von Magnesium in Form leicht löslicher Salze (500–600 mg/Tag) über mehrere Wochen zumindest bei einem Teil der Migränepatienten zu einer messbaren Besserung der Migräne führen kann. Die Anfälle werden seltener oder werden weniger stark wahrgenommen. Am meisten scheinen die Patienten zu profitieren, die nachweislich einen Mangel an Magnesium haben, darunter Menschen, die zu Muskelkrämpfen neigen.

Eine gute Versorgung mit Magnesium scheint zudem die Wirksamkeit moderner Akutmedikamente (Triptane) zu erhöhen. Während hier

Hol dir die Extraportion Magnesium!

Magnesium gibt es reichlich in:

- Getreideprodukten wie Vollkornbrot, Müsli, Naturreis, Hirse
- Gemüse, z. B. Kohlrabi, Grünkohl, Spinat, Brokkoli, Zuckermais, Kartoffeln
- Nüssen und Samen, z. B. Kürbiskernen, Sonnenblumenkernen, Sesamsamen, Leinsamen
- Obst, z. B. Bananen, Beerenobst
- Milch und Milchprodukten
- Krabben
- magnesiumreichem Mineralwasser (>100 mg).

Bei der industriellen Zubereitung (Fertigprodukte) und durch langes Wässern verlieren Lebensmittel viel Magnesium!

noch Forschungsbedarf gegeben ist, können Sie sich durch entsprechende Lebensmittelwahl bei Ihren täglichen Mahlzeiten selbst helfen.

B-Vitamine machen Nerven-stark!

In der Gruppe der B-Vitamine ist ein „buntes Völkchen" wasserlöslicher Vitamine zusammengefasst, die im Energiestoffwechsel und bei der Verarbeitung von Informationen in den Nervenzellen eine zentrale Rolle spielen. Ein Mangel an diesen Stoffen macht sich schnell durch Müdigkeit, schlechte Laune, verminderte Leistungsfähigkeit, Konzentrationsschwäche, Überempfindlichkeit und Kopfschmerzen bemerkbar. Nicht umsonst werden Vitamin-B-reiche Lebensmittel im Volksmund „Nervennahrung" genannt. Vitamin B_1 und B_6 sind unter anderem Bestandteil der „Serotonin-Werft" im Gehirn. Sind zu wenig dieser beiden Helfer verfügbar, kommt die Serotoninproduktion ins Stocken.

Auch Magnesium kann besser in den Körper aufgenommen werden, wenn genügend dieser beiden Helfer zur Verfügung stehen. Für den Ab- und Umbau der Kohlenhydrate im Körper wird vor allem Vitamin B_1 benötigt. Im Fettstoffwechsel werden gleich mehrere B-Vitamine für einen reibungslosen Ablauf dringend gebraucht. All diese Aufgaben tragen dazu bei, dass B-Vitamine fleißig am Regler zum individuellen Schmerzempfinden drehen. Vitamin B_6 gilt zudem als so genannter „limitierender Faktor" für die Aktivität der Diaminoxidase – eines der Enzyme, die für den Abbau der biogenen Amine verantwortlich sind! Fehlt Vitamin B_6, heißt es bei entsprechender Empfindlichkeit schnell: „Nichts geht mehr", die biogenen Amine stehen im Stau!

Migräneprophylaxe mit Vitamin B_2

Neuere Forschungsergebnisse deuten darauf hin, dass die prophylaktische Gabe therapeutischer Dosen von Vitamin B_2 (400 mg/Tag) helfen könnte, Anzahl und/oder Stärke der Migräneattacken zu reduzieren. Vermutet wird ein Zusammenhang zwischen der Migräne und einem positiven Einfluss des Vitamin B_2 auf den bei Migränikern eventuell gestörten Energiestoffwechsel der Kraftwerke unserer Zellen (Mitochondrien). Sowohl eine Therapie mit Vitamin B_2 als auch die weiter oben angesprochene Prophylaxe mit Magnesium hätte den Vorteil, geringere Nebenwirkungen aufzuweisen als heute gebräuchliche Medikamente.

Nahrung ist die beste Medizin

Solange die wissenschaftlichen Erkenntnisse über den Nutzen therapeutischer Dosen von Vitaminen oder Mineralstoffen widersprüchlich, oder noch nicht in die Praxis umgesetzt sind, helfen Sie sich am besten selbst. Sorgen Sie durch eine entsprechende Auswahl Ihres Essens für eine gute Versorgung mit allen B-Vitaminen. Häufig tummeln sich diese fleißigen Gesellen dort, wo auch Magnesium zu finden ist, Kohlenhydrate überwiegen, wenig Eiweiß – dafür aber „vom Feinsten" – vorhanden ist und Ballaststoffe ganz einfach dazugehören: in unseren pflanzlichen Lebensmitteln! Vitamin B_2, auch Riboflavin genannt, ist zudem Bestandteil vieler tierischer Lebensmittel, insbesondere ist es in Milchprodukten zu finden. Diese sind auch aufgrund ihres hohen Kalziumgehalts wichtiger Bestandteil einer schmerzgesunden Ernährung. Wer die besonders kalziumreichen Hartkäse nicht verträgt, kann zum Beispiel auf Joghurt, Buttermilch oder Weichkäse ausweichen. Kalziumangereicherte Säfte und Mineralwasser sind eine ideale Ergänzung.

Wenn B-Vitamine in der Nahrung zu kurz kommen, macht sich das in unserem Körper schnell durch Pannen im Nervensystem bemerkbar. Müdigkeit, schlechte Laune, verminderte Leistungsfähigkeit, Konzentrationsschwäche, Überempfindlichkeit und Kopfschmerzen sind die Folge.

Vitamine gegen den Schmerz

Vitamin	Gute Quellen
B_1	Schweinefleisch, Hülsenfrüchte, Kartoffeln, Sojabohnen, Vollkornprodukte wie Haferflocken oder Vollkornbrot, Weizenkeime, Nüsse
B_2	Milch, Milchprodukte, Innereien, Seefisch, Broccoli, Pilze, alle Kohlarten, Vollkornprodukte
B_6	Vollkornprodukte, grünes Gemüse Wirsing, Fisch, Kartoffeln, Hülsenfrüchte, Geflügel, Milch

- Die B-Vitamine sind äußerst empfindliche Gesellen: Licht, Luft (Sauerstoff) und Hitze machen ihnen zu schaffen. Um sie zu schonen,
- Lebensmittel möglichst frisch verwenden,
- erst kurz vor dem Verzehr zubereiten,
- unter fließendem Wasser waschen
- nicht zu lange erhitzen oder wärmen,
- Gemüsebrühe für Suppen und Soßen weiterverwenden,
- Speisen bis zum Wiedererwärmen kühl stellen.

Wenn B-Vitamine fehlen, kann auch Magnesium nicht mehr optimal in den Körper aufgenommen werden. Vitamin B_6 wirkt zusammen mit Vitamin B_{12} und Folsäure, einem weiteren B-Vitamin, vorbeugend gegen Herzinfarkt. Viele B-Vitamine gelten als Schönheitsvitamine. Sie sorgen dafür, dass wir eine schöne Haut, straffe Nägel und glänzendes Haar haben.

Mineralstoffe und Vitamine aus der Apotheke – eine Alternative?

Eine Therapie mit Magnesium und/oder B-Vitaminen in hoher Dosierung gehört auf jeden Fall in die Hände eines Arztes. Experimentieren Sie nicht mit Vitamin- und Mineralstoffpillen herum, auch wenn diese heute schon fast in jedem Supermarkt zu haben sind. Wir wissen noch viel zu wenig über mögliche Wechselwirkungen der lebensnotwendigen Stoffe untereinander. Auch könnte sich die eine oder andere positive Wirkung bei höheren Dosen ins Gegenteil verkehren. Letztlich ist unser bisheriges Wissen zu diesem Thema ein Stückwerk, aus dem sich schnell Sensationen nach dem Motto „Zink gegen Erkältungen" oder „Vitamin C gegen Herzinfarkt" stricken lassen. Bei näherem Hinsehen, ist das Ganze dann doch komplizierter und die Formel „Viel hilft viel" wenig hilfreich beim Formulieren allgemeingültiger Empfehlungen. Dass eine gute Versorgung mit Vitaminen und Mineralstoffen durch eine überwiegend vegetarische Kost, wie im Rahmen der Schmerzernährung empfohlen, gut für unsere Gesundheit ist, steht dagegen schon lange fest. Da weiß man, was man hat!

Greifen Sie ins Fettnäpfchen – aber richtig!

So richtig schlagkräftig wird die körpereigene Schmerzschutztruppe durch den Griff ins richtige Fettnäpfchen. Denn Fett ist nicht gleich Fett. Für Gesundheit und Wohlbefinden ist es von größter Bedeutung, wie viel von welchem Fett wir essen. Je nach Aufbau unterscheidet man gesättigte Fette, die überwiegend in tierischen Nahrungsmitteln vorkommen, sowie die einfach und mehrfach ungesättigten Fettsäuren. Letztere kommen hauptsächlich in Pflanzen vor. Sie sind, ähnlich wie Vitamine und Mineralstoffe, lebensnotwendig und können im Gegensatz zu gesättigten Fetten nicht vom Körper selbst produziert werden. Die mehrfach ungesättigten Fettsäuren sind es auch, die für Schmerzpatienten interessant sind. Sie dienen als Rohstoffe für die Bildung einer Gruppe wichtiger Gewebshormone, der Eicosanoide.

In diesem Zusammenhang ist es wichtig zu wissen, dass man in der Gruppe der mehrfach ungesättigten Fettsäuren zwei „Familien" unterscheidet: die Omega-6-Fettsäuren und die Omega-3-Fettsäuren. Je nachdem in welchem Verhältnis die Vertreter dieser beiden Familien aus der Nahrung angeliefert werden, entstehen verstärkt Gewebshormone, die sich günstig auf das Schmerzgeschehen auswirken oder solche, die eher unerwünscht sind. Die Eicosanoide sind an der Steuerung von Entzündungsprozessen beteiligt, nehmen Einfluss auf den Blutdruck und spielen eine Rolle beim Verengen und Erweitern von Blutgefäßen – alles Vorgänge, die bei der Migräne von Bedeutung sind. Sie können uns gegen Schmerzen empfindlicher machen, oder – was uns lieber ist – die bei Migränepatienten häufig erniedrigte individuelle Schmerzschwelle erhöhen.

Fettsäuren mit direktem Draht zur Migräne

Im Zusammenhang mit dem Beginn einer Migräneattacke sind vermehrt freie Fettsäuren im Blut anzutreffen, die dann unter anderem für den Umbau zu den genannten hormonähnlichen Stoffen zur Verfügung stehen. Eine besondere Bedeutung kommt in diesem Zusammenhang der Arachidonsäure zu. Diese Omega-6-Fettsäure steht bei der üblichen fleisch- und wurstreichen Ernährung unerwünscht reichlich zur Verfügung. Sie ist Vorläufer des Thromboxan, einem Eicosanoid, das an der Gefäßverängung in der Vorphase des Migräneanfalls beteiligt ist. Ein weiterer Arachidonsäure-Abkömmling trägt zur höheren Schmerzempfindlichkeit bei. Während Arachidonsäure meist im Überfluss vorhanden ist, mangelt es uns in der Regel an Omega-6-Fettsäuren, die als Vorläufer für Eicosanoide dienen, die sich günstig auf unser Wohlbefinden auswirken. Besonders kritisch ist die Versorgung mit Omega-3-Fettsäuren. Obwohl wir davon wesentlich weniger brauchen als von den Omega-6-Fettsäuren, müssen wir uns sehr bewusst ernähren, um eine gute Versorgung zu gewährleisten.

Übrigens: Auch die Wirkung des altbekannten Schmerzmittels Acetylsalicylsäure („Aspirin") geht unter anderem darauf zurück, dass die Bildung von Arachidonsäure-Abkömmlingen gehemmt wird, die sich auf das Schmerzgeschehen ungünstig auswirken!

„Klasse statt Masse" auf dem Teller

Was muss ein Migränepatient also essen, wenn er das Gleichgewicht der Gewebshormone in Richtung schmerzlindernder und entzündungshemmender Wirkung verschieben möchte? Eindeutig ableiten lässt sich aus den oben genannten Zusammenhängen die Empfehlung einer vorwiegend vegetarischen Lebensweise. Diese hat den Vorteil relativ arachidonsäurearm zu sein, gleichzeitig aber mehr erwünschte Fettsäuren zu liefern als üblicherweise in unserer Kost vorhanden sind. Auch deshalb gehört ein weitgehender Verzicht auf Fleisch und Wurst zu den Grundpfeilern der schmerzgesunden Ernährung. Fettarme Milch und Milchprodukte in Maßen dagegen gehören dazu (Kalzium!).

Gleichzeitig sollte bei der Zubereitung von Speisen sparsam mit Fett umgegangen werden, Pflanzenöl ist zu bevorzugen. Denn im Öl finden sich im Gegensatz zu tierischen Fetten, wie Butter oder Sahne und harten Pflanzenfetten (Palmkern-, Kokosfett), besonders viele Fettsäuren, die als Vorläufer „guter" Gewebshormone dienen. Für eine optimale Versorgung mit Omega-3-Fettsäuren sollte zweimal wöchentlich Seefisch aus kalten Gewässern auf den Tisch kommen. Am besten eignen sich – in absteigender Reihenfolge – Makrele, Hering, Thunfisch, Sardine, Lachs und Heilbutt. (Vorsicht bei Unverträglichkeit von biogenen Aminen, die diese Fische ebenfalls enthalten können!)

Öl ist nicht gleich Öl

Noch eine Wort zum Thema Öl: Damit auch das Verhältnis zwischen den mehrfach ungesättigten Omega-6-Fettsäuren und der für die Herz-Kreislauf-Gesundheit wichtigen Ölsäure (einfach ungesättigte Fettsäure) im Körper stimmt, sollten sie abwechselnd verschiedenen Öle verwenden. Ein ölsäurereiches Öl (Olivenöl, Rapsöl) sollte in jeder Küche stehen. Mit Rapsöl schlagen Sie sogar zwei Fliegen mit einer Klappe: Es ist reich an Ölsäure und liefert zudem einen wichtigen Beitrag zur Versorgung mit den raren Omega-3-Fetten. Maiskeim- oder Sonnenblumenöl dagegen enthalten überwiegend Omega-6-Fettsäuren. Sie können ergänzend verwendet werden, ebenso wie die in der Tabelle neben dem Rapsöl genannten Omega-3-Lieferanten, die alle auch mehr oder weniger Omega-6-Fette enthalten. Achten Sie auf den Vitamin-E-Gehalt Ihres Öls und kaufen Sie Öl in dunklen Flaschen. Beides schützt die empfindlichen ungesättigten Fettsäuren vor Zerstörung.

Die regulierene Wirkung bestimmter Fettsäuren auf Schmerz- und Entzündungsprozesse hat zur Entwicklung von Präparaten geführt, die Fischöl oder Gammalinolensäure – eine in der Muttermilch enthaltene

Pflanzliche Öle sind besonders gute Quellen für:

Omega-3-Fettsäuren	Omega-6-Fettsäuren	Ölsäure
Leinöl	Distelöl	Olivenöl
Walnussöl	Sonnenblumenöl	Rapsöl
Weizenkeimöl	Walnussöl	
Rapsöl	Weizenkeimöl	

ungesättigte Fettsäure – enthalten. Beide sind in Apotheken erhältlich und können – in Absprache mit dem Arzt – unter anderem als ergänzende Therapie bei Krankheiten eingesetzt werden, die mit Schmerzen und Entzündungen einhergehen. Allgemein gültige Empfehlungen bezüglich deren Einsatz bei Migräne existieren nicht.

Mit Fischöl gegen die Migräne?

Ein Argument für den Einsatz therapeutischer Dosen von Fischöl oder Gammaliolensäure ist die Tatsache, dass die Fettsäuren mit schmerzlindernden Eigenschaften ihre volle Wirkung für die Schmerzbekämpfung erst entfalten können, wenn sie im Körpergewebe einen bestimmten Pegel erreicht haben. Ermutigende Ergebnisse zum Einsatz von Fischöl in der Migränetherapie brachte eine Berliner Studie mit erwachsenen Migränepatienten. Getestet wurde der vorbeugende Nutzen eines Präparats, das neben Fischöl auch Magnesium und B-Vitamine enthielt. Die bisherigen Ess- und Schlafgewohnheiten sollten beibehalten werden, der Bedarf an Medikamenten zur Bekämpfung von Migräneattacken wurde genau beobachtet. Bereits nach ein bis zwei Monaten zeigten sich bei mehr als der Hälfte der Patienten erste Erfolge. Nach einem halben Jahr gaben mehr als 80 % der Patienten an, dass ihre Migräneanfälle weniger heftig verliefen oder die Zahl der Attacken selbst abnahm.

Vegetarier werden, der Migräne zuliebe?

Wie wir gesehen haben, ist für Migränepatienten eine Ernährung zu empfehlen, in der Fleischwaren eine möglichst geringe Rolle spielen. Wer will, kann Fleisch und Wurst auch ganz aus dem Speiseplan streichen, vorausgesetzt er isst weiterhin Milchprodukte und Fisch, eventuell auch Eier. Hülsenfrüchte, Nüsse, Samen und Vollkornprodukte sind die optimale Ergänzung einer solchen „ovo-lacto-vegetabilen“ bzw. ohne Ei „lacto-vegetabilen“ Kost. Zu warnen ist davor, einfach nur Fleisch wegzulassen und stattdessen mehr Süßigkeiten, Sahnepudding und andere Leckereien zu essen. Damit würden Sie Ihrer Gesundheit einen Bärendienst erweisen.

Darauf sollten (Ovo)-Lacto-Vegetarier bei der Lebensmittelwahl besonders achten:

- Im Rahmen der Schmerzernährung sollte auf Seefisch nicht verzichtet werden.
- Reichlich Vitamin C sorgt für eine verbesserte Aufnahme des Eisens aus pflanzlichen Lebensmitteln. Kombinieren Sie Ihre Mahlzeiten

deshalb mit Vitamin-C-reichem Obst oder Gemüse (z. B. als Salat, Getränk, Dessert).

Abgesehen von einer abwechslungsreich zusammengestellten ovo-lacto-vegetabilen Kost sind alternative Kostformen mit Vorsicht zu genießen. Grundsätzlich gilt: Je einseitiger die Lebensmittelauswahl, umso schwieriger wird es, eine optimale Versorgung mit allen notwendigen Nährstoffen zu gewährleisten.

Zu den Rezepten

Der Einfluss der Ernährung auf die Migräneentstehung ist sehr vielfältig. Das spiegelt sich auch in der Auswahl der Speisen in diesem Buch wider. Hinter jedem Rezept steht die Überlegung, dass es gut in einen Speiseplan passen sollte, in dem die Empfehlungen der Schmerzernährung umgesetzt werden. Während Nudeln, Kartoffeln und Hülsenfrüchte häufig Verwendung finden, ist die Zahl fleischhaltiger Gerichte bewusst gering gehalten. Pflanzliche Lebensmittel, möglichst frisch verarbeitet, stehen im Vordergrund. Pflanzliche Öle werden bevorzugt verwendet.

Biogene Amine – knapp gehalten

Der unter Migränikern verbreiteten Unverträglichkeit biogener Amine wurde bei der Auswahl der Rezepte dadurch Rechnung getragen, dass Lebensmittel, die besonders häufig Beschwerden hervorrufen, gar nicht oder möglichst wenig verwendet wurden. Zum einen ist die Bedeutung beider Lebensmittelgruppen für eine vollwertige schmerzgesunde Ernährung zu groß, als dass ohne eindeutig erwiesene Unverträglichkeit darauf verzichtet werden könnte. Und selbst dann sind die individuellen Unterschiede in der Verträglichkeit groß.

Kakao, Puddingpulver, glutamathaltige Fertigprodukte, Sojasoße, Miso, Rohwurst und Alkohol fanden keine Verwendung. Banane, Ananas, Tomaten, Avokados, Birnen und Nüsse kommen selten und in kleinen Mengen vor. Auf diese Weise entstand eine Rezeptsammlung, die relativ wenig biogene Amine enthält.

Finden Sie Ihren Weg!

Wenn Sie biogene Amine problemlos vertragen, können Sie diese und weitere Lebensmittel nach Lust und Laune in die Rezepte einbauen.

Im umgekehrten Fall, wenn in den Rezepten verarbeitete Lebensmittel nicht verträglich sind, können Sie die Rezepte ebenfalls entsprechend umwandeln – solange dadurch nicht die Säulen der schmerzgesunden Ernährung zum Einsturz gebracht werden – das Fundament, auf dem die Rezepte aufgebaut sind. Wenn Sie diese Hinweise beachten, wird dieses Buch Sie dabei unterstützen, selbst die Verantwortung für Ihre Migräne zu übernehmen und Ihren eigenen Weg im Umgang mit dem Schmerz zu finden. Viel Erfolg!

Die „schmerzgesunde“ Ernährung

- Essen Sie viel Getreideprodukte wie Müsli, Brot, Nudeln, Kartoffeln, Hülsenfrüchte!
- Essen Sie fünf Portionen Obst und Gemüse täglich. Achten Sie auf Frische sowie vitamin- und mineralstoffschonende Zubereitung!
- Milchprodukte gehören täglich auf den Tisch. Beachten Sie den Fettgehalt!
- Gehen Sie mit Fett äußerst sparsam um; bevorzugen Sie Öle!
- Fleisch oder Wurst sollte höchstens 3-mal wöchentlich auf dem Speiseplan stehen. Zweimal sollte Seefisch mit möglichst hohem Anteil an Omega-3-Fettsäuren auf den Tisch kommen (soweit verträglich)!
- Essen sie 5 bis 6 kleine Mahlzeiten anstelle von 3 Hauptmahlzeiten!
- Essen Sie abwechslungsreich und denken Sie daran über den Tag verteilt genug zu trinken! Bevorzugen Sie Mineralwasser mit hohem Kalzium und Magnesiumgehalt.
- Alkohol ist, ebenso wie Süßigkeiten, ab und zu in kleinen Mengen erlaubt (soweit verträglich!).
- Vermeiden Sie Übergewicht!

Abkürzungen in den Rezepten: F = Fett; KH = Kohlenhydrate; EW = Eiweiß (Proteine); B = Ballaststoffe

Tagesbeispiel ohne Fleisch oder Fisch

		Menge
• **Frühstück:**	Brot (2 kl. Scheiben);	100–120 g
	Butter (1–2 TL)	5–10 g
	Marmelade (ca. 2 TL)	20 g
	Fruchtsaft (kalziumangereichert)	200 ml
	Kaffee oder Tee	
• **Zwischenmahlzeit:**	Magermilchjoghurt (1 kl. Becher)	150 g
	Weintrauben	150 g
	Mineralwasser	
• **Mittagessen:**	Suppe (möglichst fettarm, auf Kartoffel- oder Gemüsebasis)	200–250 ml
	Nudel- oder Kartoffelgericht	
	Kartoffeln oder 80g Nudeln (roh)	250 g
	Gemüse gedünstet	200 g
	Öl zur Zubereitung	5 g
	Salat	100 g
	Öl zur Zubereitung	ca. 5 g
	Samen etc.	
	Obst	100–150g
	Mineralwasser oder Tee	
• **Zwischenmahlzeit:**	Trockenobst	30–50 g
	Fruchtsaft	200 ml
	Mineralwasser, Fruchtsaftschorle oder Tee	
• **Abendessen:**	Brot (2 kl. Scheiben)	100–120 g
	Butter (ca. 1–2 TL)	5–10 g
	Schnittlauchquark	15 g
	Gurken	100–200 g
	Karotten u. a. Gemüse	
	Mineralwasser, Fruchtsaftschorle oder Tee	
• **Spätmahlzeit:**	Buttermilch	200 ml

Nährwerte: ca. 1800–2200 kcal, entspricht dem durchschnittlichen Energiebedarf von Frauen zwischen 25 und 51 Jahren

Tagesbeispiel mit Wurst und Fisch

		Menge
Frühstück:	Haferflocken oder Müslimischung	50 g
	fettarme Milch od. Joghurt	200 ml
	Obst oder	100 g
	Obstsaft	200 ml
	Kaffee oder Tee	
Zwischenmahlzeit:	Brot	50 g
	Wurst	15 g
	Butter	5 g
	Mineralwasser	
Mittagessen:	Gemüse (Rohkostteller od. Salat)	100–200 g
	Öl zur Zubereitung	5 g
	Fisch (je nach Fettgehalt)	100–150 g
	Kartoffeln	150–200 g
	oder Nudeln (roh)	70-80 g
	oder Reis (roh)	80-89 g
	Öl zur Zubereitung	5 g
	Gemüse gedünstet	200 g
	Öl zur Zubereitung	5 g
	Trockenobst	30–50 g
	Mineralwasser oder Tee	
Zwischenmahlzeit:	Obst	100–150 g
	Mineralwasser, Fruchtsaftschorle od. Tee	
Abendessen:	Brot (2 kl. Scheiben)	100–120 g
	Butter (ca. 1–2 TL)	5–10 g
	Brotaufstrich	15 g
	Gurken, Karotten u. a. Gemüse	100–200 g
	Mineralwasser, Fruchtsaftschorle od. Tee	
Spätmahlzeit:	Obst	100–140 g
	oder fettarmer Joghurt	
	evt. mit Frucht	150 g

Nährwerte: ca. 1800–2200 Kalorien; entspricht dem durchschnittlichen Energiebedarf von Frauen zwischen 25 und 51 Jahren

Frühstück

Frischkornmüsli mit Dinkel

4 Portionen:

60 g	*Dinkelschrot*
50 g	*getrocknete Sultaninen*
1 1/4	*Orange*
1	*Apfel*
250 g	*Dickmilch*
4 TL	*Sandornsaft*
2 TL	*Honig*
100 g	*Himbeeren*
2 EL	*Leinsamen*

- Dinkelschrot und Sultaninen mit ca. 50 ml Wasser über Nacht einweichen.
- Orange schälen und klein schneiden, 4 Spalten zum Dekorieren übrig lassen.
- Apfel waschen und in kleine Würfel schneiden.
- Dickmilch mit Sandornsaft und Honig gut verrühren.
- Sultaninen, Schrot und Obst unterrühren.
- Müsli mit Leinsamen bestreuen und mit Orangenspalten und Beeren garnieren.

Pro Portion: 186 kcal, 782 kJ, 5,9 g EW, 3,3 g F, 31,1 g KH, 7,5 g B

Früchtemüsli

4 Portionen:

400 g	*Joghurt*
50 ml	*Milch*
1 EL	*Honig*
1 EL	*Speisekleie*
50 g	*Haferflocken*
100 g	*Heidelbeeren*
1	*Apfel*
1/2	*Mango*

- Joghurt mit Milch, Honig, Speisekleie und Haferflocken gut verrühren.
- Heidelbeeren waschen und vierteln, Apfel waschen und in kleine Stücke schneiden.
- Mango halbieren, Kern und Schale entfernen und in kleine Stücke schneiden.
- Früchte unter die Joghurtmasse heben und mit Heidelbeeren dekorieren.

Tipp

Wichtig beim Verzehr von Speisekleie ist, dass man viel dazu trinkt.

Pro Portion: 150 kcal, 630 kJ, 6,3 g EW, 3,3 g F, 23,3 g KH, 4,6 g B

Früchtequark

4 Portionen:

400 g	*Quark*
50 ml	*Milch*
2 EL	*Honig*
1 TL	*Zitronensaft*
1	*kleiner Apfel*
$^{1}/_{2}$	*Birne*
1	*Orange*

- Quark mit Milch, Honig und Zitronensaft gut verrühren.
- Apfel und Birne schälen in kleine Würfel schneiden und unter die Quarkmasse heben.
- Orange schälen und in mundgerechte Stücke schneiden, 3 Orangenspalten zur Dekoration zurückbehalten.
- Orangenstücke in Quarkmasse geben.

Pro Portion: 135 kcal, 567 kJ, 11,9 g EW, 0,7 g F, 17,2 g KH, 1,4 g B

Möhren-Apfel-Frischkost

4 Portionen:

2 EL	*süße Sahne*
5 EL	*saure Sahne*
	Salz, Pfeffer
1/2	*Zitrone (Saft)*
200 g	*Möhren*
200 g	*Äpfel*
1/4 Bund	*Kerbel*

- Süße und saure Sahne mit Salz, Pfeffer und dem Zitronensaft vermischen.
- Möhren und Äpfel waschen, schälen und grob raspeln.
- Kerbel waschen und fein hacken, einige Blättchen zum Garnieren beiseite legen.
- Geraspelte Möhren und Äpfel mit der Sahne vermengen.
- Gehackten Kerbel zugeben und mit Kerbelblättchen garnieren.

Pro Portion: 86 kcal, 361 kJ, 1,5 g EW, 4,6 g F, 9,3 g KH, 2,8 g B

Exotischer Obstsalat

4 Portionen:

1	*Mango (weich)*
1/2	*Galiamelone*
1	*Papaya*
100 ml	*Maracujasaft*
100 ml	*Orangensaft*
1 TL	*Zitronensaft*
1 EL	*Grenadin*

- Mango schälen, Fruchtfleisch in kleine Würfel schneiden.
- Melone mit Löffel aushöhlen.
- Papaya teilen, Kerne und Schale entfernen, Fruchtfleisch klein würfeln.
- Maracujasaft, Orangensaft, Zitronensaft mit Grenadin verrühren.
- Früchte in die ausgehöhlte Melone geben, Fruchtsaft darüber gießen.

Tipp

Eisgekühlt schmeckts am besten!

Pro Portion: 96 kcal, 403 kJ, 1,5 g EW, 0,5 g F, 17,4 g KH, 2,4 g B

Brotaufstriche

Olivenaufstrich

4 Portionen:

100 g	*Frischkäse*
1 EL	*saure Sahne*
30 g	*Oliven (schwarz, entsteint)*
1/2 Bund	*Basilikum*
	Salz, Pfeffer

- Frischkäse mit saurer Sahne verrühren.
- Oliven und Basilikum fein hacken und in Crème unterrühren.
- Mit Salz, Pfeffer würzen und mit Basilikumblatt garnieren.

Pro Portion: 78 kcal, 328 kJ, 2,4 g EW, 7,1 g F, 0,9 g KH, 0,2 g B

Kräutertopfen

4 Portionen:

1	*kleine Zwiebel*
50 g	*Kräuter (Petersilie, Schnittlauch, Kerbel, Estragon)*
150 g	*Topfen*
2 EL	*saure Sahne*
	Salz, Pfeffer

- Zwiebel schälen und fein hacken.
- Kräuter waschen, fein hacken.
- Topfen mit Sahne glatt rühren und frisch gehackte Kräuter unterrühren.
- Mit Salz, Pfeffer abschmecken und mit Schnittlauchröllchen garnieren.

Pro Portion: 40 kcal, 168 kJ, 5,5 g EW, 0,9 g F, 1,1 g KH, 0,2 g B

Möhrenaufstrich

4 Portionen:

100 g	*Möhren*
1/2 Bund	*Schnittlauch*
50 g	*Frischkäse*
1 TL	*Zitronensaft*
1 EL	*saure Sahne*
	Salz, Pfeffer

- Möhren waschen, schälen und fein raspeln.
- Schnittlauch waschen und in feine Röllchen schneiden.
- Frischkäse mit Zitronensaft und Sahne verrühren.
- Schnittlauchröllchen zugeben und mit Salz und Pfeffer abschmecken.

Pro Portion: 43 kcal, 180 kJ, 1,5 g EW, 3,5 g F, 1,8 g KH, 0,9 g B

Kichererbsenaufstrich

4 Portionen:

100 g	*Kichererbsen*
1/2 l	*Gemüsebrühe*
1	*Lorbeerblatt*
1 TL	*Kräuteressig*
1 EL	*Kürbiskernöl*
	Salz, Pfeffer, Dill, Kerbel, Schnittlauch, Petersilie

- Kichererbsen in der Gemüsebrühe über Nacht (12 Stunden) einweichen.
- Mit der Gemüsebrühe ca. 45 Min. weich kochen, Gemüsebrühe abgießen und auffangen.
- Kichererbsen mit etwas Gemüsebrühe, Kräuteressig und Kürbiskernöl pürieren.
- Kerbel, Dill, Schnittlauch, Petersilie waschen, klein hacken, Salz, Pfeffer unterrühren und im Kühlschrank abgedeckt 1 Std. ziehen lassen.

Tipp

Passt gut zu Kürbiskernbrot, Fladenbrot oder Vollkornbrot.

Pro Portion: 103 kcal, 433 kJ, 5 g EW, 4,6 g F, 10,3 g KH, 5,4 g B

Müslimuffins

Für 12 Muffins:

75 g	*Vollkornmehl*
150 g	*Mehl*
2 TL	*Backpulver*
150 g	*geröstetes Müsli*
110 g	*brauner Zucker*
80 g	*Rosinen*
2	*Eier*
250 ml	*Milch*
100 g	*Butter (Margarine)*

- Mehl, Backpulver, die Hälfte des Müslis, Zucker und Rosinen in eine Schüssel geben und mit dem Handrührgerät verrühren.
- In die Mitte eine Mulde formen, Eier mit der Milch verquirlen, zerlassene Butter zusammen in die Mulde gießen.
- Verrühren, bis der Teig noch kleine Klümpchen hat.
- Teig in Formen füllen ($^{3}/_{4}$ voll), restliches Müsli darauf verteilen und im vorgeheizten Herd bei 200 °C ca. 20 Min. backen.

Tipp

Eignet sich gut zum Frühstück, besonders mit warmem Obstkompott.

Pro Stück: 256 kcal, 1075 kJ, 5,1 g EW, 9,8 g F, 36,6 g KH, 2,4 g B

Porridge, pikant

4 Portionen:

80 g	*Gerstenvollkornschrot*
500 ml	*Gemüsebrühe*
	Salz
	Petersilie oder Schnittlauch

- Gerstenvollkornschrot in 150 ml Wasser einweichen und über Nacht quellen lassen.
- Anschließend mit Gemüsebrühe zum Kochen bringen und 10 Min. leicht köcheln lassen.
- Mit Salz abschmecken und mit gehackten Kräutern garnieren.

Pro Portion: 63 kcal, 265 kJ, 2,1 g EW, 0,4 g F, 12,7 g KH, 2 g B

Vegetarischer Brotaufstrich

4 Portionen:

300 g	*Kartoffeln*
1	*Zwiebel*
1	*Knoblauchzehe*
100 ml	*Sauerrahm*
	Salz, Pfeffer, Kräuter, Schnittlauch

- Kartoffel waschen, schälen, weich kochen und noch heiß mit dem Handrührgerät zu einem Kartoffelbrei verrühren.
- Zwiebel schälen, fein würfeln, Knoblauchzehe pressen und zugeben.
- Sauerrahm mit fein gehackten Kräutern, Salz und Pfeffer, unter die Kartoffelmasse mischen und mit Schnittlauchröllchen garnieren.

Pro Portion: 89 kcal, 374 kJ, 2,6 g EW, 2,7 g F, 20,1 g KH, 2 g B

Zwischen-mahlzeiten

Italienischer Antipastiteller

4 Portionen:

150 g	*Zuccini – heiß waschen und von den Stielansätzen befreien*
150 g	*Auberginen – waschen*
150 g	*Austernpilze – putzen und in kleine Fächer zupfen*
150 g	*Möhren – schälen*
150 g	*Fenchel – von äußeren Schalen befreien und waschen*
	Salz
1 TL	*Thymian*
4 EL	*Balsamicoessig*
2 EL	*Olivenöl*
2 EL	*Distelöl*
1/2 TL	*Estragon (getrocknet)*
1 TL	*Dill*
1 TL	*Schnittlauch – waschen und in feine Röllchen schneiden*

Zucchini

- 1 EL Distelöl und 1 Prise Salz verrühren.
- Zucchini in ca. 1 cm dicke Scheiben schneiden und mit dem Ölgemisch einreiben.
- Auf ein Backblech setzen und bei 175 °C 12 Min. backen.

Auberginen

- Auberginen in 1 cm dicke Scheiben schneiden, salzen und 15 Min. ziehen lassen.
- Danach etwas abtupfen und mit Distelöl einreiben.
- Auf ein Backblech setzen und bei 175 °C ca. 18 Min. backen.
- Mit Schnittlauch bestreuen.

Austernpilze

- 1 EL Balsamicoessig, Salz und Olivenöl verrühren.
- Austernpilze damit marinieren und 15 Min. ziehen lassen.
- Auf ein Backblech setzen und bei 175 °C 15 Min. backen.
- Nochmals bei 220 °C grillen, bis sie röstbraune Stellen bekommen.
- Thymian darüber streuen.

Möhren

- Distelöl, Estragon und Salz verrühren.
- Möhren in 5 cm lange Stücke schneiden und der Länge nach vierteln.
- Mit dem Ölgemisch vermengen und bei 175 °C 20 Min. backen.

Fenchel

- Fenchel in Stücke schneiden und mit 1 EL Olivenöl in einer beschichteten Pfanne 5 Min. anbraten.
- Mit Balsamicoessig ablöschen und mit etwas Salz würzen, nochmals 5 Min. leicht dünsten.
- Mit Dill bestreuen.

Pro Portion: 173 kcal, 726 kJ, 3,3 g EW, 15,4 g F, 4,8 g KH, 6,6 g B

Spargelsalat mit Fisch

4 Portionen:

600 g	*grüner Spargel*
1/2 Kopf	*Radicchio*
1/2 Kopf	*Frisée*
2	*Forellenfilet (geräuchert)*
1	*Orange*
	Salz, Pfeffer, Zucker
1/2 TL	*Zitronensaft*
1 TL	*Senf (mittelscharf)*
2 TL	*Walnussöl*
1/2 Bund	*Dill*

- Spargel an den Anschnittstellen schälen, in Salzwasser bissfest kochen (ca. 10 Min.).
- Salate waschen und klein zupfen, Forellenfilets in 3 cm große Stücke schneiden.
- Orange filitieren, Saft für Dressing auspressen.
- Orangensaft, Salz, Senf, Pfeffer und Walnussöl zu einem Dressing verrühren.
- Salate und Spargel dekorativ anrichten, Forellenfilets auflegen und Dressing darüber geben, mit filitierten Orangen und Dill garnieren.

Pro Portion: 171 kcal, 719 kJ, 18,5 g EW, 10 g F, 6,1 g KH, 3,1 g B

Buntes Rübengemüse

4 Portionen:

200 g	*Steckrüben*
200 g	*Kohlrabi*
200 g	*Petersilienwurzel*
100 g	*Frühlingszwiebel*
2 EL	*Distelöl*
100 ml	*Gemüsebrühe*
	Salz, Pfeffer
1 TL	*Petersilie*

- Steckrüben, Kohlrabi und Petersilienwurzel waschen, schälen und in Scheiben schneiden.
- Öl in einer Pfanne erhitzen und das Gemüse leicht anbraten.
- Anschließend mit der Gemüsebrühe ablöschen und zugedeckt ca. 15 Min. dünsten.
- Mit Salz und Pfeffer würzen.
- Zum Servieren Petersilie darüber streuen.

Pro Portion: 113 kcal, 475 kJ, 2,7 g EW, 7,9 g F, 7,5 g KH 7,7 g B

Pellkartoffeln mit Grünkerndip

4 Portionen:

100 g	*Grünkern*
200 ml	*Gemüsebrühe*
800 g	*große Kartoffeln*
125 g	*Joghurt*
125 g	*Sauerrahm*
2 EL	*Walnussöl*
1/2 TL	*Curry*
1/2 TL	*Senf*
1 EL	*Dill*
	Salz, Pfeffer
1/2 TL	*Salatgurke*
1	*Paprikaschote*
50 g	*Krabben (gekocht)*
3 EL	*Mais*

- Grünkern über Nacht in Gemüsebrühe einweichen.
- Kartoffeln waschen und ca. 30 Min. weich kochen.
- Joghurt, Sauerrahm, Walnussöl, Curry, Senf, Dill, Salz, Pfeffer in einer großen Schüssel verrühren und durchziehen lassen.
- Grünkern aufkochen, 15 Min. ziehen lassen, abseihen und kalt überbrausen.
- Gurke schälen, halbieren, entkernen und würfeln.
- Paprika waschen und würfeln.
- Krabben kalt spülen und zusammen mit Paprika, Gurke und Grünkern unter die Joghurtmasse mischen.
- Gekochte Kartoffeln der Länge nach halbieren, mit Löffel leicht aushöhlen und mit Grünkerndip füllen.

Pro Portion: 370 kcal, 1554 kJ, 18,7 g EW, 12,5 g F, 51,3 g KH, 8 g B

Saures Kartoffelgemüse

4 Portionen:

800 g	*Kartoffeln (fest kochend)*
1	*Zwiebel*
20 g	*Margarine*
20 g	*Mehl*
100 ml	*Gurkensud*
400 ml	*Gemüsebrühe*
1	*Lorbeerblatt*
1 EL	*scharfer Senf*
1 EL	*Kräuteressig*
3	*Gewürzgurken*
	Salz, Pfeffer
1/2 Bund	*Petersilie*

- Kartoffeln waschen, bissfest kochen (20–30 Min.), pellen und abkühlen lassen.
- Zwiebel würfeln und in Margarine andünsten.
- Mit Mehl bestäuben, mit Gurkensud und Gemüsebrühe unter Rühren aufgießen.
- Lorbeerblatt zugeben und 10 Min. kochen lassen.
- Senf und Essig unterrühren, gekochte Kartoffeln und Gurken in dünne Streifen schneiden, unterheben und mit Salz und Pfeffer abschmecken.
- Zum Anrichten mit gehackter Petersilie garnieren.

Pro Portion: 214 kcal, 899 kJ, 5,5 g EW, 4,6 g F, 36 g KH, 4 g B

„Bircher Pommes“ mit Salsa

4 Portionen:

800 g	*Kartoffeln (fest kochend)*
2 TL	*Rapsöl*
1 TL	*Paprika (edelsüß)*
1 TL	*Kümmel*

- Kartoffeln waschen, schälen und in 1 cm dicke Stifte schneiden.
- Kartoffeln mit Öl bestreichen und auf ein Backblech legen (Backpapier).
- Mit Paprika und Kümmel bestreuen und bei 200 °C ca. 15–20 Min. goldbraun backen.

Pro Portion: 210 kcal, 882 kJ, 4 g EW, 7,7 g F, 30 g KH, 4,2 g B

Für die Salsa

4 Portionen:

200 g	*Paprika*
50 g	*Zwiebeln*
20 ml	*Apfelessig*
1/2 TL	*Paprika, edelsüß*
1/2 TL	*Paprika, scharf*
1 Prise	*Salz*
10 g	*Zucker*
1/2	*Knoblauchzehe*
1/4 TL	*Rosmarin (gemahlen)*
1/2 TL	*Thymian (getrocknet)*
1/2 TL	*Salbei (getrocknet)*
1 EL	*Speisestärke*
1 EL	*Wasser*
1	*Lorbeerblatt*

- Paprika und Zwiebeln grob würfeln.
- Apfelessig, Paprika, Zwiebeln und Gewürze in einen Topf geben, kurz aufkochen lassen, zurückschalten und 15 Min. ziehen lassen.
- Lorbeerblatt entfernen und die Masse pürieren.
- Speisestärke mit Wasser zu einem Teiglein verrühren.
- Salsa kurz aufkochen lassen und mit Teiglein binden.

Tipp

Salsa ist gut haltbar, wenn es heiß in Gläser gefüllt und verschlossen wird.

Pro Portion: 40 kcal, 168 kJ, 1 g EW, 0,2 g F, 7,5 g KH, 1,9 g B

Rohkostteller mit verschiedenen Dips

4 Portionen:

4 Stangen	*Staudensellerie*
1/2	*Salatgurke*
2	*Zucchini*
4	*Frühlingszwiebeln*
1	*Chicoréesalat*
2	*Birnen*
2	*Möhren*
	Zitronensaft

- Staudensellerie waschen und in 6 cm große Stücke schneiden.
- Salatgurke und Zucchini waschen, halbieren, mit einem Teelöffel das Kerngehäuse herausschaben und in 1 cm dicke und 6 cm lange Streifen schneiden.
- Chicoréesalat in einzelne Blätter teilen, waschen und den bitteren Strunk herausschneiden.
- Birnen waschen, vierteln, das Kerngehäuse entfernen, jedes Viertel nochmals teilen und mit Zitronensaft beträufeln.

Pro Portion: 78 kcal, 328 kJ, 3,7 g EW, 0,9 g F, 13,8 g KH, 6,6 g B

Meerrettichcreme

4 Portionen:

1/2 Bund	*Petersilie*
100 g	*Frischkäse*
1/2 EL	*Zitronensaft*
3 EL	*frisch geriebener Meerrettich*
1 TL	*Honig*
	Salz, Pfeffer

- Petersilie waschen und fein hacken.
- Frischkäse mit Zitronensaft kräftig verrühren, Meerrettich und Honig unterrühren.
- Mit Salz und Pfeffer abschmecken, Petersilie unterheben und zum Rohkostteller servieren.

Pro Portion: 98 kcal, 411 kJ, 1,4 g EW, 7,9 g F, 5,2 g KH, 0,4 g B

Senfdip

4 Portionen:

1	*Zwiebel*
1 EL	*Olivenöl*
150 ml	*Gemüsebrühe*
3 EL	*Senf (mittelscharf)*
1 EL	*Honig*
1 TL	*Speisestärke*
	Salz, Pfeffer, Koriandergrün

- Zwiebel schälen, in Öl andünsten und mit Gemüsebrühe aufgießen.
- Senf, Honig, Salz, Pfeffer zugeben, 10 Min. kochen lassen, dann pürieren.
- Speisestärke zu Teiglein verrühren, zugeben und kurz aufkochen lassen.
- Soße abkühlen lassen, zum Servieren gehacktes Koriandergrün zugeben.

Pro Portion: 70 kcal, 294 kJ, 1,1 g EW, 4,6 g F, 6 g KH, 0,5 g B

Kartoffel-Kräuter-Taler

4 Portionen:

500 g	*Kartoffelteig*
100 g	*Zwiebeln*
1 TL	*Olivenöl*
1 Bund	*Petersilie*
1 TL	*Thymian (frisch o. getrocknet)*
1 TL	*Oregano (frisch o. getrocknet)*

- Zwiebeln fein hacken, in etwas Olivenöl leicht anbraten.
- Zwiebeln, Petersilie und Kräuter zum Kartoffelteig geben und gut untermengen.
- Eine große Rolle formen (ca. 3 – 5 cm ø).
- Scheiben von der Rolle abschneiden und in Olivenöl hellbraun anbraten.

Pro Portion: 187 kcal, 785 kJ, 5,5 g EW, 5,2 g F, 4 g KH, 3,2 g

Vollkornwaffeln mit Sauerkirschen

4 Portionen:

100 g	*Vollkornmehl*
	Salz
1/4 TL	*Backpulver*
25 g	*Zucker*
125 ml	*Milch*
1	*Ei*
1/4 TL	*Zimt*
1 kleiner	*Apfel*
20 g	*Butter*
300 g	*Sauerkirschen (1 Glas – entsteint)*
1 TL	*Speisestärke*

- Mehl, Salz, Backpulver und Zucker in eine Schüssel geben.
- Milch mit Handrührgerät unterrühren.
- Ei trennen, Eiweiß steif schlagen.
- Eigelb und Zimt in den Teig rühren.
- Apfel waschen, schälen, grob raspeln und unter den Teig mischen.
- Flüssige Butter und Eischnee unterheben, Teig 30 Min. ruhen lassen.
- Flüssigkeit der Sauerkirschen abseihen und aufkochen.
- Speisestärke mit etwas Wasser zu einem Teiglein verrühren und in den heißen Kirschsaft einrühren, aufkochen lassen.
- Kurz abkühlen lassen und zu den Kirschen geben.
- Waffeleisen vorheizen, mit etwas Margarine einpinseln, Waffeln backen und auf einem Gitter auskühlen lassen, mit Kirschkompott servieren.

Pro Portion: 223 kcal, 937 kJ, 6,3 g EW, 6,8 g F, 33 g KH, 4,3 g B

Artischocken mit Sauce Vinaigrette

4 Portionen:

4 große	*Artischocken*
	Salz

Sauce Vinaigrette:

2	*Eiweiß von gekochten Eiern*
1/2	*Zwiebel*
1	*Gewürzgurke*
1 TL	*Kapern*
100 g	*Gemüsebrühe*
1 TL	*Senf*
1 TL	*Zitronensaft*
4 EL	*Kräuteressig*
2 EL	*Walnussöl*
	Petersilie, Dill, Schnittlauch, Estragon, Zitronenmelisse
	Salz und Pfeffer

- Artischocken in reichlich Salzwasser kochen (ca. 30 Min.), bis sich die Schuppen leicht lösen.
- Eiweiß klein hacken, Gewürzgurke in kleine Würfel schneiden.
- Tomaten häuten, Kerne entfernen und in kleine Würfel schneiden.
- Zwiebel sehr fein hacken, Kapern klein schneiden.
- Gemüsebrühe mit Senf, Salz, Pfeffer, Zitronensaft, Essig und Öl verrühren, Eier und Tomaten zugeben.
- Mit fein gehackten Kräutern garnieren.

Tipp

Von den lauwarmen Artischocken einzelne Blätter ablösen und mit Sauce Vinaigrette beträufeln.

Pro Portion: 100 kcal, 419 kJ, 4 g EW, 7,7 g F, 3,6 g KH, 10,1 g B

Ravioli-Zucchini-Salat

4 Portionen:

240 g	*Ravioli mit Fleischfüllung (Fisch)*
2	*Zucchini*
1	*Paprika (rot)*
4 EL	*Kräuteressig*
	Salz, Pfeffer
1	*Knoblauchzehe*
4 EL	*Olivenöl*
100 g	*Schafskäse*
1/2 Bund	*Basilikum*

- Ravioli kochen (gemäß Anleitung).
- Zucchini waschen, von Stielansatz befreien und in kleine Stifte schneiden.
- Paprika waschen, in kleine Würfel schneiden, mit Zucchini und Ravioli vermengen.
- Essig, Salz, Pfeffer, Knoblauch und Öl gut verrühren und über den Salat geben.
- Schafskäse zerbröckeln, über den Salat geben und mit Basilikum garnieren.

Pro Portion: 280 kcal, 1176 kJ, 8,1 g EW, 23,2 g F, 10,6 g KH, 3,4 g B

Knusperwürfel

$^1/_2$ Blech:

80 ml	*Sonnenblumenöl*
170 g	*Honig*
200 g	*Haferflocken*
100 g	*gehackte Mandeln*
50 g	*Sesam*
50 g	*Kokosflocken*

- Öl und Honig in einem Topf erhitzen, bis es sprudelt.
- Alle übrigen Zutaten zugeben, gut verrühren und auf mittlerer Stufe unter ständigem Rühren leicht anrösten.
- $^1/_2$ Backblech mit Backpapier auslegen oder gut einfetten, Masse darauf geben, glatt streichen, gut fest drücken und dann vorsichtig in kleine Rechtecke schneiden.
- 10 – 12 Min. bei 200 °C leicht braun backen.

Pro Portion (50 g): 285 kcal, 1193 kJ, 5 g EW, 16,6 g F, 24,2 g KH, 3,9 g B

Vorspeisen

Brokkolirohkost

4 Portionen:

300 g	*Brokkoli*
1	*Banane*
1/2	*Apfel*
1/2	*Birne*
	Saft einer Zitrone
50 g	*Joghurt*
20 g	*Sahne*
20 g	*Honig*
1 Prise	*Zimt*

- Brokkoli-Röschen waschen, klein schneiden.
- Stiel von Brokkoli großzügig schälen und in feine Streifen schneiden.
- Banane in dünne Scheiben schneiden.
- Apfel und Birne waschen, grob raspeln und mit Zitronensaft vermengen.
- Joghurt, Sahne, Honig und Zimt glatt verrühren (→ Dressing).
- Dressing über das Obst und den Brokkoli geben.

Pro Portion: 110 kcal, 462 kJ, 3,6 g EW, 2,1 g F, 18,5 g KH, 3,5 g B

Kartoffelspieße mit Kräuterdip

4 Portionen:

800 g	*Kartoffeln (klein)*
2	*Paprika (rot)*
2	*Zucchini*
5 große	*Champignons*
	Salz, Thymian, Knoblauch, Cayennepfeffer
3 EL	*Olivenöl*

Für den Kräuterdip:

100 g	*Quark*
1 EL	*Milch*
1 EL	*Zitronensaft*
	Salz, weißer Pfeffer, Knoblauch
1/2 Bund	*Rucola*
1/2 Bund	*Basilikum*
1/2 Bund	*Petersilie*
1/2 Bund	*Schnittlauch*

- Kartoffeln waschen, 10 Min. kochen, erkalten lassen und pellen.
- Paprika waschen und in Stücke schneiden.
- Zucchini waschen und in 1 cm dicke Scheiben schneiden.
- Champignons putzen und vierteln.
- Gemüse in bunter Reihe auf Holzspieße stecken.
- Knoblauch pressen, Salz, Thymian, Cayennepfeffer und Olivenöl verquirlen, Kartoffelspieße mit der Marinade bestreichen und 30 Min. ziehen lassen.
- Die Kartoffelspieße bei 180 °C 20 Min. backen.

Kräuterdip:

- Quark mit Milch und Zitronensaft verrühren, mit Salz, Pfeffer und gepresstem Knoblauch würzen.
- Kräuter waschen, fein hacken und unterrühren.

Pro Portion: 238 kcal, 1000 kJ, 10,0 g EW, 5,9 g F, 34,5 g KH, 8,9 g B

Kürbissuppe mit Sauerampfer

8 Portionen:

400 g	*Kürbis*
200 g	*Kartoffeln (weich kochend)*
1	*Zwiebel*
1	*Knoblauchzehe*
1	*Möhre*
2 EL	*saure Sahne*
2 EL	*süße Sahne*
2 EL	*Olivenöl*
1 kl. Zweig	*Thymian*
0,8 l	*Gemüsebrühe*
	Salz
	Pfeffer
1 Prise	*Muskatnuss*

- Kürbisfleisch grob würfeln. Zwiebel und Knoblauch schälen und fein hacken.
- Kartoffeln und Möhre waschen, schälen und klein schneiden.
- In einem Topf 1 EL Olivenöl erhitzen. Kürbis, Zwiebel und Knoblauch bei schwacher Hitze 5 Min. dünsten. Möhre, Kartoffeln, Thymianzweig zugeben und mit der Gemüsebrühe ablöschen. Alles ca. 30 Min. bei schwacher Hitze garen.
- Den Thymianzweig entfernen, Sahne, saure Sahne zugeben und mit Salz und Pfeffer würzen.
- Alles fein pürieren.
- Den Spinat und den Sauerampfer waschen und in Streifen schneiden.
- In einer Pfanne das restliche Öl erhitzen. Spinat und Sauerampfer 1 Min. bei schwacher Hitze dünsten, leicht würzen und als Garnitur auf die Suppe geben.

Tipp

Als Zugabe geeignet: Vollkornbrötchen oder Kürbiskernbrot

Pro Portion: 181 kcal, 760 kJ, 1,9 g EW, 7,1 g F, 8,3 g KH, 2,6 g B

Reisauflauf mit Früchten

4 Portionen:

100 g	*Sauerkirschen*
100 g	*Aprikosen*
100 g	*Apfel*
30 g	*Margarine*
120 g	*Milchreis*
500 ml	*Milch*
2	*Eier*
30 g	*Zucker*
	Schale einer unbehandelten Zitrone
60 g	*Quark*

Obst vorbereiten:

- Sauerkirschen waschen und entsteinen.
- Aprikosen mit heißem Wasser überbrühen, halbieren und Stein herausnehmen.
- Apfel waschen, schälen, Kerngehäuse entfernen und in Spalten schneiden.
- Eine Auflaufform mit Margarine ausfetten und das Obst verteilen.

Grundmasse:

- Milchreis waschen, in die Milch geben, erhitzen und 30–40 Min. garen, anschließend abkühlen lassen.

Schaummasse:

- Eier trennen, das Eiweiß mit der $^1/_2$ Menge Zucker steif schlagen und kalt stellen.
- Margarine schaumig schlagen, mit der anderen $^1/_2$ Menge Zucker, Zitronenschale und Eigelben unter den Quark rühren.
- Grundmasse (Milchreis) löffelweise unter Schaummasse rühren.
- Steifen Eischnee unterheben.
- Masse auf das Obst geben und ca. 50 Min. bei 200 °C backen.

Pro Portion: 335 kcal, 1409 kJ, 12,2 g EW, 11,3 g F, 45,3 g KH, 1,6 g B

Wintersalat mit Senfdressing

4 Portionen:

	Radicchio
	Frisée
	Feldsalat
	Paprika, gelb
2 EL	*heißes Wasser*
1/2 TL	*gekörnte Gemüsebrühe*
1	*Prise Salz*
1 TL	*Senf (mittelscharf)*
6 EL	*Olivenöl*
2 EL	*Blattpetersilie (gewaschen, von Stiehlen befreit und grob gehackt)*

- Salate putzen, waschen, trocknen und klein zupfen.
- Wasser, Gemüsebrühe und Salz verrühren; dann Senf dazugeben.
- Öl ebenfalls zugeben und zu einem sämigen Dressing verrühren.
- Salate, Petersilie und Dressing vermengen.

Pro Portion: 40 kcal, 1 g EW, 2 g F, 4 g KH

Salat-Joghurt-Kaltschale

2 Portionen:

250 g	*Joghurt (1,5 % Fett)*
½	*Kopfsalat (Eissalat)*
½	*Zitrone, ausgepresst*
1 Prise	*Salz*
1 Prise	*Pfeffer*

- Salat waschen, putzen und in Streifen schneiden.
- Joghurt, Zitrone und Salatstreifen leicht pürieren (Salatstreifchen sollten noch zu erkennen sein).
- Mit Salz und Pfeffer würzen.

Pro Portion: 60 kcal, 252 kJ, 4,4 g EW, 2 g F, 5,6 g KH, 0,2 g B

Kartoffelsuppe mit Champignons

4 Portionen:

200 g	*Kartoffeln*
50 g	*Möhren*
50 g	*Lauch*
600 ml	*Gemüsebrühe*
150 g	*Champignons*
1 TL	*Olivenöl*
1 TL	*Thymian (frisch oder getrocknet)*
	Salz, Pfeffer

- Kartoffeln und Möhren waschen, schälen und in Stücke schneiden.
- Lauch waschen und in Ringe schneiden.
- Kartoffeln, Möhren und Lauch in Gemüsebrühe weich kochen (ca. 15 Min.).
- Anschließend fein pürieren.
- Champignons waschen, in dünne Scheiben schneiden und in Öl kurz anbraten.
- Mit Salz und Pfeffer würzen.
- Thymian und gebratene Champignons in die pürierte Kartoffelsuppe geben und nochmals kurz erhitzen.

Tipp

Nach Wunsch können noch andere Kräuter zugegeben werden.

Pro Portion: 81 kcal, 340 kJ, 2,4 g EW, 3,9 g F, 8,5 g KH, 2,5 g B

Minestrone Italienischer Art

4 Portionen:

40 g	*weiße Bohnen*
2	*Salbeiblätter*
2	*Möhren*
1	*Stange Lauch*
1	*Stange Bleichsellerie*
1	*Zucchini*
2	*mittlere Kartoffeln*
50 g	*kleine Nudeln*
1 Zweig	*Rosmarin*
2 EL	*Olivenöl*
1 l	*Gemüsebrühe*
	Salz, Pfeffer

- Bohnen am Vorabend in Wasser mit Salbeiblätter einweichen, am nächsten Tag ca. 30 – 40 Min. kochen.
- Lauch putzen, in fingerdicke Ringe schneiden, Möhren schälen und in dünne Ringe schneiden.
- Bleichsellerie in $^1/_2$ cm dicke Stücke schneiden, Kartoffeln waschen, schälen und würfeln.
- Zucchini waschen, die beiden Enden entfernen und in kleine Würfel schneiden.
- Olivenöl erhitzen, Lauchringe andünsten, Bohnen zugeben, nach und nach das vorbereitete Gemüse zugeben und etwa 10 Min. dünsten.
- Mit Gemüsebrühe aufgießen, gepressten Knoblauch und Rosmarin zugeben, 25 Min. abgedeckt bei mittlerer Hitze köcheln lassen.
- Nudeln dazugeben und bei geringer Hitze bissfest garen lassen.
- Mit Salz und Pfeffer abschmecken.

Pro Portion: 234 kcal, 978 kJ, 8,4 g EW, 8,4 g F, 30,5 g KH, 7,5 g B

Feldsalat mit gerösteten Kürbiskernen

2 Portionen:

30 g	*Kürbiskerne*
100 g	*Feldsalat*
1 EL	*Essig*
	Salz, Pfeffer
1 EL	*Kürbiskernöl*

- Kürbiskerne kurz in der Pfanne anrösten.
- Feldsalat verlesen und den Wurzelansatz entfernen.
- Unter fließendem, kaltem Wasser waschen.
- Mit Essig, Salz, Pfeffer und Kürbiskernöl marinieren.
- Die gerösteten Kürbiskerne über den Salat streuen.

Pro Portion: 150 kcal, 630 kJ, 4,3 g EW, 15 g F, 2,2 g KH, 1,7 g B

Gebratene Austernpilze auf Blattsalat

2 Portionen:

250 g	*Austernpilze*
1 TL	*Rapsöl*
1 TL	*Walnussöl*
	Salz, Pfeffer
1 EL	*Balsamicoessig*
150 g	*Blattsalate (Eisbergsalat, Rucola, Lollo rosso, Lollo bianco)*
2 EL	*Petersilie*

- Austernpilze waschen und in Fächer zerteilen.
- Pilze mit Rapsöl in einer beschichteten Pfanne anbraten.
- Aus Walnussöl, Salz, Pfeffer, Balsamicoessig und etwas kalter Gemüsebrühe eine Marinade herstellen.
- Salat marinieren und gebratene Austernpilze auf dem Salat verteilen.
- Petersilie fein wiegen und über den Salat streuen.

Pro Portion: 155 kcal, 651 kJ, 3,3 g EW, 15,3 g F, 0,8 g KH, 7 g B

Grüne Erbsensuppe

6 Portionen:

250 g	*grüne Erbsen (frisch oder tiefgekühlt)*
50 g	*Möhren*
50 g	*Sellerie*
50 g	*Lauch*
500 g	*Gemüsebrühe*
1 EL	*Sonnenblumenöl*
1 EL	*Reismehl*
30 g	*Sahne*
	Salz, Pfeffer

- Erbsen und geputztes Suppengemüse im Wasser mit der Gemüsebrühe in 30–40 Min. weich kochen.
- In der Moulinette oder mit einem Mixstab fein pürieren.
- Sonnenblumenöl erhitzen, Mehl darüber stäuben und glatt verrühren.
- Fein pürierte Erbsencreme nach und nach klümpchenfrei in die Mehlschwitze einrühren.
- Kurz aufkochen lassen, Sahne zugeben.
- Mit Salz und Pfeffer abschmecken.

Tipp

Zu viel Hülsenfrüchte können den Harnsäurespiegel erhöhen.

Pro Portion: 123 kcal, 516 kJ, 4,7 g EW, 5,5 g F, 11,2 g KH, 4,8 g B

Hauptgerichte

Farfalle mit Lachs

2 Portionen:

125 g	*Farfalle*
100 g	*Lachsfilet (tiefgefroren)*
100 g	*Lauch*
1 EL	*Distelöl*
100 ml	*Wasser*
20 g	*Speisestärke*
2 EL	*Sahne*
1 TL	*Dill (frisch oder getrocknet)*
1 Prise	*Salz*
1/2 TL	*Zitronenpfeffer*

- Lachsfilet antauen lassen, in Streifen schneiden und mit Öl in der Pfanne anbraten.
- Lauch in feine Streifen schneiden, zum Lachs geben und etwa 10 Min. dünsten.
- Mit Stärketeiglein binden, kurz aufkochen lassen.
- Mit Sahne verfeinern.
- Mit Salz und Zitronenpfeffer würzen.
- Zum Servieren Dill darüber streuen.

Tipp

Lauch sollte nicht angebräunt werden, da er sonst bitter schmeckt.
Lachs ist ein sehr fetter Seefisch und enthält höhere Dosen Omega-3-Fettsäure, welche entzündungshemmend wirken.

Pro Portion: 488 kcal, 2050 kJ, 19,2 g EW, 19,9 g F, 57,7 g KH, 1,2 g B

Wokgemüse mit Tofu

4 Portionen:

1	*Zwiebel*	*100 g*	*Austernpilze*
200 g	*Tofu*	*20 g*	*Ingwer*
2 EL	*Sonnenblumenöl*	*100 ml*	*Gemüsebrühe*
100 g	*Zuckerschoten*	*1/2 Bund*	*Petersilie*
1 Stange	*Staudensellerie*	*1/2 Bund*	*Koriander*
1	*rote Paprika*		*Salz, Pfeffer*
1 Stange	*Lauch*		

- Öl in Wok erhitzen, gewürfelten Tofu mit Zwiebel kurz anbraten.
- Zuckerschoten waschen, von Stielansätzen befreien, halbieren und hinzugeben.
- Staudensellerie waschen, in kleine Stücke schneiden und hinzugeben.
- Paprika und Lauch waschen, in feine Streifen schneiden, hinzugeben.
- Austernpilze waschen, in Fächer zupfen und hinzugeben.
- Ingwer schälen, fein würfeln und hinzugeben.
- Mit Gemüsebrühe aufgießen und zugedeckt ca. 5 Min. dünsten.
- Mit Salz und Pfeffer würzen.
- Zum Anrichten gehackte Petersilie und Koreander darüberstreuen.

Tipp

Als Beilage eignet sich sehr gut Basmati-Duftreis.

Pro Portion: 575 kcal, 2415 kJ, 6,7 g EW, 10,4 g F, 5,7 g KH, 4,7 g B

Pichelsteiner

4 Portionen:

500 g	*Kartoffeln (vorwiegend fest kochend)*
3	*Möhren*
2	*Petersilien-wurzeln*
1 Stange	*Lauch*
1/4	*Sellerieknolle*
250 g	*grüne Bohnen*
2	*Zwiebeln*

150 g	*Rinderbrust*
150 g	*Schweinenacken*
2 EL	*Rapsöl*
	Salz, Pfeffer
1 Zweig	*Rosmarin*
2	*Lorbeerblätter*
1 TL	*Majoran*
1 Bund	*Petersilie*

- Kartoffeln, Möhren und Petersilienwurzeln waschen, schälen und in Streifen schneiden.
- Lauch waschen und in Streifen schneiden.
- Sellerie schälen und würfeln.
- Zwiebeln grob hacken.
- Bohnen waschen und halbieren
- Fleisch in mundgerechte Stücke schneiden.
- In einem großen Topf Öl erhitzen, Fleischstücke mit den Zwiebeln gut anbraten und anschließend vorbereitetes Gemüse zugeben.
- Mit Salz, Pfeffer würzen und Kräuter untermengen.
- Mit $^{3}/_{4}$ l heißem Wasser angießen und den Pichelsteiner zugedeckt bei schwacher Hitze garen.
- Vor dem Servieren Petersilie darüber streuen.

Pro Portion: 384 kcal, 1613 kJ, 22,7 g EW, 16,8 g F, 33,8 g KH, 12,5 g B

Süßsaures Gemüse mit Sesamfisch

2 Portionen:

300 g	*Seelachsfilet (tiefgefroren)*
1	*Ei*
4 EL	*Sesamkörner*
2 EL	*Sesamöl*
100 g	*Blumenkohlröschen*
100 g	*Brokkoliröschen*
100 g	*Möhren*
100 g	*Zuckerschoten*
15 g	*Zucker*
4 EL	*Apfelessig*
4 Tropfen	*Tabasco*
	Salz, Pfeffer

- Fisch in fingerbreite Streifen schneiden, mit Salz und Pfeffer würzen.
- In verquirltes Ei tauchen und in Sesamkörnern wenden.
- Mit Sesamöl in einer beschichteten Pfanne anbraten und bei schwacher Hitze 15 Min. fertig garen.
- Gemüse waschen, zerkleinern und in wenig Wasser bissfest kochen.
- Gemüse mit Öl, Tabasco, Salz, Pfeffer, Zucker und Apfelessig in einem Topf unter ständigem Rühren kurz anbraten, fertig garen.
- Fischstreifen auf dem Gemüse anrichten und mit Zitronenspalten garnieren.

Tipp

Dazu passt gut Duftreis oder Baguette.

Pro Portion: 492 kcal, 2066 kJ, 38,9 g EW, 29,5 g F, 17,3 g KH, 7,9 g B

Hühnchen asiatisch

4 Portionen:

200 g	*Hühnchenbrustfilet*
1 EL	*Sesamöl*
200 g	*Möhren*
100 g	*Zucchini*
100 g	*Brokkoli*
100 g	*Paprika rot*
1 EL	*Ingwer*
100 g	*Sojasprossen*
	Currypaste
3 EL	*Fischsoße*
300 ml	*Kokosmilch*

- Hühnchenbrustfilet in Streifen schneiden, in Sesamöl hellbraun anbraten.
- Gemüse waschen, in dünne Streifen schneiden, zugeben und ebenso leicht anbraten.
- Ingwer schälen, fein hacken und mit der Currypaste zugeben.
- Sojasprossen gründlich waschen, abtropfen lassen und zugeben.
- Mit der Fischsoße ablöschen.
- Mit Kokosmilch aufgießen und 5 – 10 Min. leicht köcheln lassen.

Tipp

Dieses Gericht kann gut im Wok, aber auch in einer beschichteten Pfanne zubereitet werden. Als Beilage eignet sich Basmati-Reis.

Pro Portion: 150 kcal, 630 kJ, 17 g EW, 5,2 g F, 8,4 g KH, 5 g B

Paprika gefüllt

2 Portionen:

2 große	*Paprika*
200 g	*gekochter Naturreis (70 g roh)*
1	*Möhre*
1	*Zucchini*
1 kleine	*Zwiebel*
1 EL	*Olivenöl*
50 g	*Mais (Dose)*
20 g	*Parmesankäse*
4	*frische Tomaten*

- Paprika waschen, halbieren, Stielansatz und Kerne entfernen.
- Möhre waschen, schälen und in kleine Würfel schneiden.
- Zucchini waschen, Stielansatz entfernen und in kleine Würfel schneiden.
- Zwiebel schälen und klein schneiden.
- Mais kalt abwaschen und ablaufen lassen.
- Möhre, Zucchini und Zwiebel mit Öl anbraten, Mais und Reis untermischen.
- Masse in die halben Paprika füllen, geriebenen Parmesan darüber streuen.
- Tomaten häuten, in kleine Stücke schneiden, pürieren und in eine Auflaufform geben.
- Gefüllte Paprikahälften in das Tomatenpüree setzen und 20–30 Min. bei 180 °C überbacken.

Pro Portion: 357 kcal, 1500 kJ, 13 g EW, 12,4 g F, 42,5 g KH, 11,9 g B

Spaghetti mit Pesto

2 Portionen:

150 g	*Spaghetti*
2 Bund	*Basilikum*
30 g	*Parmesan (Pecorino)*
20 g	*Pinienkerne*
2 EL	*Olivenöl*

- Basilikum waschen und Blätter abzupfen.
- Parmesan, Pinienkerne, Basilikumblätter mit Olivenöl fein pürieren.
- Spaghetti kochen nach beschriebener Anleitung (siehe Packung).
- Ca. 1 – 2 EL Pesto über die Spaghetti geben.

Pro Portion: 532 kcal, 2234 kJ, 16,5 g EW, 26 g F, 59 g KH, 1 g B

Seelachsfilet mit Gemüsereis

4 Portionen:

600 g	*Seelachsfilet (tiefgekühlt)*
1 EL	*Zitronensaft*
100 g	*Möhren*
100 g	*Zucchini*
100 g	*Erbsen (tiefgekühlt)*
1 EL	*Sonnenblumenöl*
	Salz, Pfeffer
200 g	*Naturreis*
400 ml	*Gemüsebrühe*

- Möhren und Zucchini waschen, schälen und in kleine Würfel schneiden.
- Erbsen, Möhren- und Zucchiniwürfel in einer Pfanne mit etwas Öl kurz anbraten und abgedeckt 10 Min. dünsten.
- Währenddessen Fisch mit Zitronensaft beträufeln und 10 Min. ziehen lassen.
- Anschließend Fisch in einer beschichteten Pfanne kurz auf beiden Seiten anbraten und abgedeckt ca. 15 Min. durchziehen lassen.
- Reis mit Gemüsebrühe ansetzen, ca. 30 Min. leicht kochen, bis der Reis Flüssigkeit aufgenommen hat.
- Fertig gegarten Reis zu dem Gemüse in die Pfanne geben und nochmals kurz anbraten und mit Salz und Pfeffer abschmecken.
- Fischfilet auf Gemüsereis servieren.

Pro Portion: 355 kcal, 1491 kJ, 33 g EW, 6,3 g F, 41,2 g KH, 3,5 g B

Kartoffelgnocchi

4 Portionen:

600 g	*Katoffelteig*
100 g	*Parmesankäse (Pecorino)*

- In den Kartoffelteig den selber geriebenen Parmesankäse unterarbeiten.
- Mit nassen Händen Gnocchi formen und in leicht gesalzenem Wasser 15 – 20 Minuten ziehen lassen.

Pro Portion: 272 kcal, 1142 kJ, 16 g EW, 8,1 g F, 33,6 g KH, 3,3 g B

Gemüsespätzle

4 Portionen:

600 g	*Spätzle (Grundrezept)*
2	*Möhren*
1/2	*Brokkoli*
1	*Zwiebel*
2 EL	*Rapsöl*
	Salz, Pfeffer

- Möhren waschen, schälen und in Streifen schneiden.
- Brokkoliröschen abschneiden, waschen und halbieren.
- Zwiebel schälen und in Würfel schneiden.
- Brokkoli, Möhren, Zwiebel mit Öl anbraten.
- Fertig gekochte Spätzle hinzugeben, mit Salz und Pfeffer würzen.

Pro Portion: 428 kcal, 1798 kJ, 16,8 g EW, 13,8 g F, 58,2 g KH, 6,7 g B

Kartoffelpuffer

6 Portionen:

1,2 kg	*Kartoffeln (fest kochend)*
2 mittlere	*Zwiebeln*
2	*Eier*
30 g	*Mehl*
	Salz, Pfeffer
	Öl zum Ausbacken

- Kartoffeln waschen, schälen und grob reiben.
- Zwiebeln fein hacken und zu den Kartoffeln geben.
- Masse in einem Küchentuch ausdrücken.
- Eier, Mehl zugeben, mit Salz und Pfeffer würzen.
- Kleine Küchlein formen und in Öl backen.

Tipp

Als Zugabe eignet sich Apfelmus oder als pikante Variante eine Kräutersoße.

Pro Portion: 253 kcal, 1063 kJ, 7,2 g EW, 9 g F, 35 g KH, 5 g B

Fleischpflanzerl mit Bechamelkartoffeln

4 Portionen:

600 g	*Kartoffeln (fest kochend)*
50 g	*Margarine*
50 g	*Mehl*
250 ml	*Milch*
	Salz, weißer Pfeffer
360 g	*Hackfleisch*
2	*alte Semmeln (in Wasser eingeweicht)*
1	*Ei*
1	*Zwiebel*
2 EL	*Rapsöl*
	Salz, Pfeffer, Majoran, Basilikum, Thymian

Bechamelkartoffeln:

- Kartoffeln waschen, weich kochen, abkühlen lassen und pellen.
- Margarine erhitzen, Mehl zugeben, gut verrühren und die Milch langsam unter ständigem Rühren zulaufen lassen, mit Salz und Pfeffer würzen und 10 Min. kochen.
- Kartoffeln in dicke Scheiben schneiden und in eine Backform schichten, die Bechamelsoße darüber gießen und im Backrohr 30 Min. bei 160 °C garen.

Fleischpflanzerl:

- Zwiebel sehr fein hacken.
- Eingeweichte Semmeln fest ausdrücken.
- Hackfleisch, Zwiebel, Ei, Gewürze und ausgedrückte Semmeln zusammenkneten.

Tipp

Je besser geknetet wird, umso besser ist die Bindung.
Aus dem Teig 8 Pflanzerl formen und mit Rapsöl in der Pfanne braten.

Pro Portion: 525 kcal, 2205 kJ, 30,5 g EW, 22,4 g F, 50 g KH, 4,9 g B

Mexikanischer Bohnentopf

4 Portionen:

200 g	*weiße Bohnen*	*1*	*rote Paprika*
700 ml	*Gemüsebrühe*	*3*	*Tomaten*
2	*Zwiebeln*	*1 TL*	*Honig*
2 EL	*Olivenöl*		*Salz, Pfeffer, Petersilie*
2	*Knoblauchzehen*	*100 g*	*fester Schafskäse*
1	*Chilischote*		
1	*gelbe Paprika*		

- Bohnen über Nacht in Gemüsebrühe einweichen.
- Zwiebel fein hacken und in Olivenöl andünsten, die Bohnen mit der Gemüsebrühe zugeben.
- Knoblauch pressen und zugeben, bei der Chilischote die Kerne entfernen und zugeben.
- Tomaten häuten und zugeben; alles 1 $^1/_2$ Std. garen.
- Paprika waschen, in Streifen schneiden, zugeben.
- Mit Honig, Salz und Pfeffer abschmecken.
- Zum Schluss den Schafskäse in kleinen Stücken über den mexikanischen Bohnentopf geben.

Tipp

Als Beigabe eignen sich selbst gemachte Tortillas.

Pro Portion: 238 kcal, 997 kJ, 12,6 g EW, 8,7 g F, 26,9 g KH, 11,6 g B

Gegrillte Dorade mit rotem Camarguereis

2 Portionen:

1 große	*Dorade, ca. 500 g (Meerwasserfisch)*
1 EL	*Zitronensaft*
100 g	*Camarguereis*
200 g	*Gemüsebrühe*
1	*Möhre*
1	*Zwiebel*
1	*Aubergine*
2 EL	*Rapsöl*
	Petersilie, gehackt
	Salz, Pfeffer

- Dorade gründlich waschen, schuppen und mit Zitronensaft marinieren, in die Bauchöffnung 1 Oreganozweig und einige Scheiben Knoblauch geben.
- Backblech mit Alufolie auslegen und mit Öl bestreichen, den Fisch darauf geben und 25 Min. bei 225 °C backen (Umluft 200 °C, ca. 20 Min.).
- Reis heiß waschen und mit Gemüsebrühe weich kochen (ca. 25 Min.).
- Gemüse waschen, klein schneiden und in Olivenöl anbraten.
- Gebratenes Gemüse unter den gegarten Reis mengen, mit Salz, Pfeffer und gehackten Kräutern abschmecken.

Pro Portion: 508 kcal, 2733 kJ, 33,4 g EW, 22 g F, 44,3 g KH, 6,5 g B

Chili con Carne

4 Portionen:

1	*Zwiebel*
2	*rote Paprikaschoten*
200 g	*Rindertartar (grob gehackt)*
2 EL	*Rapsöl*
250 ml	*Fleischbrühe (selbst hergestellt)*
500 g	*Chilibohnen*
200 g	*Mais*
	Salz, Pfeffer, Chilipulver

- Zwiebel fein hacken, Paprika waschen und in dünne Streifen schneiden.
- Zwiebel und Rindertartar mit dem Öl in einem Topf anbraten, nach 5 Min. Paprika zugeben, mit Fleischbrühe aufgießen und 10 Min. kochen.
- Chilibohnen und Mais zugeben, mit Salz, Chilipulver und Pfeffer abschmecken und nochmals aufkochen lassen.
- Mit gehackter Petersilie anrichten.

Tipp

Als Beilage eignet sich Vollkornbaguette hervorragend.

Pro Portion: 334 kcal, 1403 kJ, 18 g EW, 11,2 g F, 40 g KH, 8,1 g B

Gefüllte Tortillas mit Salat mexicana

4 Portionen:

150 g	*Mehl*
100 g	*Maismehl*
200 ml	*Wasser, lauwarm*
	Salz, Pfeffer
1	*Zwiebel*
200 g	*Putenbrust*
100 g	*Zuckerschoten*
100 g	*Mais*
2 EL	*Weizenkeimöl*

	Salz Pfeffer, Cayennepfeffer
1	*rote Paprika*
1	*gelbe Paprika*
1	*rote Zwiebel*
1 Bund	*Radieschen*
1	*Avocado*
	Limettensaft, grüner Koriander (gehackt)

Tortillas

- Mehl, Maismehl sieben und vermengen, Wasser langsam unterrühren, etwas Salz zugeben.
- Teig 30 Min. ruhen lassen.
- Teig zu Fladen ausrollen und in einer beschichteten Pfanne jede Seite etwa 1 Min. backen.

Füllung:

- Zwiebel fein hacken.
- Putenbrust in dünne Streifen schneiden.
- Zuckerschoten waschen, Stielansätze entfernen und in kleine Stücke schneiden.
- Zwiebeln, Putenbruststreifen und Zuckerschoten mit Weizenkeimöl anbraten, den Mais zugeben, 10 Min. garen und auf die 8 Tortillas verteilen, diese dann einrollen.

Pro Portion: 560 kcal, 2352 kJ, 24 g EW, 22,2 g F, 66,1 g KH, 13,2 g B

Salat mexicana

- Paprika waschen und in kleine Würfel schneiden.
- Radieschen waschen und fein würfeln.
- Avocado teilen, Kern entfernen, aushöhlen und in kleine Stücke schneiden.
- Zwiebel fein hacken und zu den anderen Zutaten in eine Schüssel geben.
- Mit Limettensaft marinieren und mit Salz, Pfeffer und Koriandergrün würzen.

„Fish and Chips"

4 Portionen:

400 g	*Kabeljaufilet*
	Apfelessig
800 g	*Kartoffeln (fest kochend)*
	Salz, Pfeffer
1	*Ei*
	Mehl
	Semmelbrösel
	Öl zum Frittieren

- Fisch in dicke Streifen schneiden und mit Salz, Pfeffer und Essig marinieren.
- Fett auf 160 °C erwärmen.
- Kartoffeln schälen, in breite Stäbchen schneiden und goldbraun frittieren.
- Kabeljau in Mehl, verrührtem Ei und Semmelbrösel panieren.
- In 180 °C heißem Öl backen.
- Nach dem Backen alles auf Küchenrolle abtropfen lassen.
- Mit Essig (sollte in einem British Shop gekauft werden) beträufeln.

Pro Portion: 400 kcal, 1680 kJ, 24,7 g EW, 12,7 g F, 40 g KH, 4,8 g B

Käsespätzle

4 Portionen:

1	*Zwiebel*
1 EL	*Sonnenblumenöl*
800 g	*Spätzle (zubereitet nach Grundrezept)*
200 g	*Geyrizer*
	Salz, Pfeffer

- Zwiebel schälen, halbieren, dünne Streifen schneiden und mit Öl in einer Pfanne goldgelb anbraten.
- Fertig gegarte Spätzle zugeben, mit Salz und Pfeffer würzen, geriebenen Käse darüber streuen und zugedeckt 5 Min. ziehen lassen.

Tipp

Als Beilage eignet sich sehr gut grüner Salat oder Feldsalat.

Pro Portion: 674 kcal, 2829 kJ, 34 g EW, 27,5 g F, 73,2 g KH, 5 g B

Vegetarische Pizza

4 Portionen:

250 g	*Mehl (Weizenmehl Typ 405)*
1 Prise	*Salz*
10 g	*Hefe*
125 ml	*lauwarme Milch*
1 EL	*Olivenöl*
250 g	*Pizzatomaten (Dose)*
1 EL	*Basilikum (getrocknet oder frisch)*
1 EL	*Oregano (getrocknet oder frisch)*
200 g	*Brokkoli*
2	*Zwiebeln*
2	*Paprikaschoten*
100 g	*Champignons*
100 g	*Emmentaler (frisch gerieben)*

- Mehl in eine Rührschüssel geben, in der Mitte eine Mulde formen, 3 EL Milch und Hefe hineingeben.
- Abgedeckt an einem warmen Platz 10 Min. gehen lassen.
- Anschließend die restlichen Zutaten unter den Teig kneten, ausrollen und auf das Backblech legen.
- Teig mit den geschälten Tomaten, Olivenöl bestreichen und Gewürze darüber streuen.
- Gemüse waschen, in gewünschte Größe zerkleinern und auf die Pizza geben.
- Zum Schluss mit Kräutern und geriebenem Emmentaler bestreuen.
- Die Pizza im vorgeheizten Ofen bei 220 °C ca. 10 – 15 Min. backen.

Tipp

Als Alternative zu den Tomaten ist eine Paprikasalsa zu empfehlen. Gemüse kann ebenso nach eigenen Wünschen variiert werden.

Pro Portion: 404 kcal, 1696 kJ, 18,7 g EW, 12,9 g F, 52,7 g KH, 6,5 g B

Geflügelspieße mit Curryreis

4 Portionen:

400 g	*Hühnchenbrustfilet*
100 g	*Frühlingszwiebel*
1	*rote Paprika*
1 EL	*Weizenkeimöl*
	Salz, Pfeffer
200 g	*Reis (parboiled)*
400 g	*Gemüsebrühe*
$^1/_2$ TL	*Curry*
1 TL	*Sonnenblumenöl*

- Hühnerbrustfilet in Würfel schneiden, Frühlingszwiebel in 2 cm Stücke schneiden, Paprika waschen und in 2 cm große Stücke schneiden.
- Fleisch, Zwiebel und Paprika abwechselnd auf einen Spieß stecken und mit Weizenkeimöl anbraten, mit Salz und Pfeffer würzen, 10 Min. abgedeckt durchgaren.
- Reis heiß abspülen und mit dem Sonnenblumenöl kurz anbraten, mit Gemüsebrühe aufgießen, den Curry zugeben, ca. 30 Min. kochen.

Tipp

Sehr gut dazu schmeckt ein Erdnussdip.

Pro Portion: 355 kcal, 1490 kJ, 28,6 g EW, 9,9 g F, 38,2 g KH, 2,4 g B

Königsberger Klopse

4 Portionen:

300 g	Hackfleisch
2	alte Semmeln, in etwas Milch eingeweicht
2	Eier
1 kleine	Zwiebel
1 Bund	Petersilie

500 g	Gemüsebrühe
20 g	Margarine
20 g	Mehl
20 g	Kapern
20 ml	Sahne
	Salz, Pfeffer

- Die Semmeln ausdrücken und mit einer Gabel gut zerkleinern.
- Zwiebel und Petersilie fein hacken.
- Hackfleisch, Zwiebel, Semmelteig, Petersilie und Eier in eine Schüssel geben, gut vermengen.
- Mit Salz und Pfeffer abschmecken und Kugeln formen.
- Gemüsebrühe zum Kochen bringen, die Klopse hineingeben, Herd zurückschalten und Klopse ca. 30 Min. ziehen lassen.
- Die Margarine in einem Topf erhitzen, Mehl unterrühren und mit kalter Gemüsebrühe (Brühe von gekochten Klopsen) aufgießen.
- Mit dem Schneebesen gut rühren und 5 Min. leicht kochen lassen.
- Kapern und Sahne zugeben, nochmals kurz aufkochen lassen.
- Die Klopse abtropfen lassen und mit Soße übergießen.

Tipp

Als Beilage sind Salzkartoffeln und Erbsenpüree gut geeignet.

Pro Portion: 260 kcal, 1092 kJ, 22,8 g EW, 9,5 g F, 18,7 g KH, 1,5 g B

Tagliatelle mit Champignonsoße

4 Portionen:

400 g	*Tagliatelle*
2 EL	*Olivenöl*
1	*Zwiebel*
200 g	*Champignons*
2	*Zucchini*
100 ml	*Gemüsebrühe*
2 EL	*Mehl*
2 EL	*Wasser*
	Salz, Pfeffer, Petersilie

- Tagliatelle nach Anleitung kochen.
- Zwiebel fein hacken.
- Champignons putzen und in Streifen schneiden.
- Zucchini waschen, von den Stielansätzen befreien und in Streifen schneiden.
- Öl erhitzen, Zwiebel, Champignons und Zucchini gut anbraten, mit Gemüsebrühe aufgießen.
- Mehl und Wasser zu einem Teiglein verrühren und in das Gemüse einrühren.
- 10 Min. leicht kochen, mit Salz und Pfeffer würzen.
- Soße über die Nudeln geben und mit gehackter Petersilie anrichten.

Pro Portion: 464 kcal, 1949 kJ, 16,3 g EW, 10,9 g F, 78 g KH, 5,7 g B

Lachssteak mit Blattspinat und Limettensoße

4 Portionen:

4	*Lachssteaks*
	Zitronensaft, Zitronenpfeffer
2 EL	*Olivenöl*
800 g	*frischer Blattspinat*
1	*Zwiebel*
	Salz, Pfeffer, Knoblauch
1 kleine	*Zwiebel*

2 EL	*Distelöl*
2 EL	*Mehl*
1	*Kartoffel*
300 ml	*Gemüsebrühe*
2	*Limetten*
1 EL	*Sahne*
	Salz, weißer Pfeffer, Zitronenmelisse

Lachs:

- Lachssteak mit Zitronensaft beträufeln und mit Zitronenpfeffer würzen, 20 Min. ziehen.
- Anschließend mit Olivenöl in einer beschichteten Pfanne auf beiden Seiten anbraten.

Blattspinat:

- Blattspinat waschen und verlesen, in heißem Wasser kurz blanchieren.
- Zwiebel fein hacken und in einem Topf andünsten, Knoblauch pressen und zu den Zwiebeln geben.
- Anschließend den Spinat zugeben, 5 Min. dünsten und mit Salz und Pfeffer würzen.

Limettensoße:

- Kleine Zwiebel fein hacken und mit Distelöl anbraten.
- Mehl zugeben und verrühren, Gemüsebrühe langsam einlaufen lassen und dabei stetig rühren, Kartoffel waschen, schälen, raspeln und dazugeben.

Pro Portion: 533 kcal, 2238 kJ, 36,8 g EW, 37,1 g F, 12,2 g KH, 6,7 g B

- Limetten auspressen, Saft zugeben und alles ca. 20 Min. leicht kochen lassen.
- Sahne zugeben und Soße pürieren, mit Salz, Pfeffer und gehackter Zitronenmelisse abschmecken.

Tipp

Als Beilage eignen sich Dampfkartoffeln sehr gut.

Süßes und Backwaren

Apfelkuchen mit Quark

12 Stück:

125 g	*Butter*
150 g	*Zucker*
	Vanille
50 g	*Mehl (Typ 405)*
50 g	*Vollkornmehl*
50 g	*Stärke*
2	*Eier*
	Salz
1 1/2 TL	*Backpulver*

Für den Belag:

500 g	*Äpfel*
1 TL	*Zitronensaft*
150 g	*Margarine*
160 g	*Zucker*
	Vanille
500 g	*Quark*
100 g	*Stärke*
2	*Eier, getrennt*

- Die Zutaten zu einem Rührteig verarbeiten, in eine mit Backpapier ausgelegte Springform geben.
- 15 Min. bei 190 °C backen.
- Äpfel schälen, in dünne Spalten schneiden und mit Zitronensaft beträufeln.
- Margarine schaumig schlagen, Zucker mit Vanillinzucker einrieseln lassen, Quark, Stärke und Eigelb unterrühren.
- Das steif geschlagene Eiweiß unterheben und die Masse auf vorgebackenen Kuchen verteilen.
- Apfelspalten auflegen.
- Kuchen bei 190 °C 45 Min. backen.

Pro Portion: 393 kcal, 1650 kJ, 9 g EW, 17,8 g F, 49,2 g KH, 1,2 g B

Kirschstrudel

4 Portionen:

Teig vom Grundrezept

Für die Füllung:

300 g	*Sauerkirschen (entsteint aus Glas)*
1 TL	*Zimt*
150 g	*Honig*
25 g	*Speisestärke*

- Honig in einem Topf erhitzen
- Speisestärke mit etwas kaltem Wasser glatt rühren, in den warmen Honig unterrühren und anschließend kurz aufkochen lassen.
- Dieses mit den Kirschen und dem Zimt vermengen (abkühlen lassen).
- Weiterverarbeiten, wie im Grundrezept angegeben.

Pro Portion: 419 kcal, 1760 kJ, 6,1 g EW, 8,4 g F, 78,8 g KH, 2,8 g B

Curryreis mit Ananas

4 Portionen:

200 g	*Basmatireis*
2 EL	*Sesamöl*
400 g	*Wasser*
1 TL	*Curry*
100 g	*Ananaswürfel*
50 g	*Sultaninen*
1	*Orange*

- Reis heiß waschen und abtropfen lassen.
- Öl in einem Topf erhitzen, Reis dazugeben und unter ständigem Rühren so lange anbraten, bis er trocken ist und nussig duftet.
- Mit Wasser aufgießen und 20 Min. köcheln lassen.
- Ananasstücke, Sultaninen und Saft einer Orange zugeben und nochmals kurz kochen lassen.

Pro Portion: 276 kcal, 1159 kJ, 4,4 g EW, 6,2 g F, 50 g KH, 2,6 g B

„Orangentraum“ (Joghurtspeise)

2 Portionen:

200 g	*Joghurt*
200 ml	*Orangensaft*
10 g	*Zucker*
3 Blatt	*Gelatine*
1 Msp.	*Vanille*

- Gelatine in kaltem Wasser (ca. 20 ml) einweichen.
- Joghurt mit Zucker, Vanilleextrakt und der Hälfte des Orangensaftes glatt rühren.
- Restlichen Orangensaft erwärmen.
- Gelatine aus dem Wasser nehmen, ausdrücken und anschließend in den warmen Orangensaft geben, bis sie sich aufgelöst hat.
- Joghurtmasse langsam unterrühren, in Schälchen füllen und abkühlen lassen.

Tipp

Mit Orangenspalten dekorieren.

Pro Portion: 110 kcal, 462 kJ, 6,8 g EW, 1,7 g F, 18,5 g KH

Apfeltaschen mit Quarkölteig

8 Stück:

Grundrezept Quarkölteig:

100 g	*Quark*
3 EL	*Öl*
4 EL	*Milch*
20 g	*Zucker*
	Vanille
100 g	*Mehl (Typ 405)*
100 g	*Vollkornmehl*
2 TL	*Backpulver*

Für die Füllung:

150 g	*Äpfel*
20 g	*Rosinen*
20 g	*Zucker*
20 g	*gehackte Haselnüsse*
1/2 TL	*Zimt*
	Vanille

- Alle Zutaten für den Quarkölteig mit den Knethacken des Rührgerätes rasch verkneten.
- Äpfel waschen, schälen, Kerngehäuse entfernen, in kleine Würfel schneiden und mit Vanille, Zucker, Rosinen, Nüssen und Zimt verrühren.
- Quarkölteig ausrollen und in Quadrate schneiden.
- Apfelmasse in die Mitte geben und die vier Ecken nach innen schlagen.
- Apfeltaschen mit Eigelb bestreichen und bei 200 °C ca. 15 Min. backen.

1 Stück: 188 kcal, 790 kJ, 5,1 g EW, 7,8 g F, 27 g KH, 2,9 g B

Schneeeier auf Himbeersoße

4 Portionen:

2	*Eiweiß*
60 g	*Zucker*

Für die Soße:

200 g	*Himbeeren (tiefgekühlt oder frisch)*
50 g	*Wasser*
15 g	*Speisestärke*
10 g	*Zucker*

- Eiweiß steif schlagen, dabei den Zucker langsam einrieseln lassen.
- Aus dem steif geschlagenen Eiweiß mit 2 Teelöffeln Nockerl formen, in einem Topf mit heißem Wasser setzen und 10 Min. ziehen lassen. (Vorsicht–nicht Kochen!)
- Himbeeren in einem Topf erhitzen, dann durch ein Sieb passieren, in den Topf zurückgeben, den Zucker zugeben und nochmals kurz aufkochen lassen.
- Stärke und Wasser zu einem Teiglein verrühren, in die Himbeeren einrühren, nochmals kurz aufkochen lassen.
- Abgekühlte Sauce auf Teller gießen, die Schneeeier darauf setzen und mit Zitronenmelisse garnieren.

Pro Portion: 111 kcal, 444 kJ, 3,4 g EW, 0,2 g F, 23,1 g KH, 2,4 g B

Vanilleapfel

4 Portionen:

4 mittlere	*Äpfel*
1	*Zitrone*
1	*Nelke*
250 ml	*Milch*
15 g	*Stärke*
	Vanille
1	*Ei*
20 g	*Zucker*
50 g	*Preiselbeerkonfitüre*

- Äpfel schälen und Kerngehäuse entfernen (Apfelstecher!).
- Vorbereitete Äpfel mit Zitronensaft, Zitronenschale und Nelke in Wasser kochen.
- Hitze drosseln und die Äpfel ziehen lassen, bis sie weich sind.
- Milch in einem Topf erwärmen, kurz vor dem Kochen das Ei, den Zucker mit Vanille und Stärke unter ständigem Rühren zugeben und kurz aufkochen lassen.
- Preiselbeerkonfitüre in das Kerngehäuseloch der Äpfel füllen und die Vanillesoße darüber gießen.

Pro Portion: 160 kcal, 672 kJ, 4,1 g EW, 3 g F, 22,8 g KH, 2,3 g B

Zitronensorbet

4 Portionen:

8 EL	*Zitronensaft*
400 ml	*Wasser*
40 g	*Zucker*

- Alle Zutaten verrühren.
- In eine Schüssel (Metall) geben und in das Gefrierfach stellen, bis die Flüssigkeit angefroren ist.
- Immer wieder verrühren, bis alles zu Eisscherben gefroren ist.

Pro Portion: 90 kcal, 378 kJ, 21 g KH

Aprikosenstrudel

4 Portionen:

Teig wie im Grundrezept

Für die Füllung:

300 g	*Aprikosen*
100 g	*Honig*
1/2 TL	*Zimt*
150 g	*Quark*

- Aprikosen waschen, entsteinen und in kleine Stücke schneiden.
- Alle Zutaten zusammenrühren und wie im Grundrezept beschrieben verarbeiten.

Pro Portion: 376 kcal, 1579 kJ, 11,2 g EW, 8,2 g F, 63,6 g KH, 3,1 g B

Apfelstrudel

4 Portionen:

Teig wie im Grundrezept

Für die Füllung:

400 g	*Äpfel*
1 TL	*Zitronensaft*
1/2 TL	*Zimt*
100 g	*brauner Zucker (je nach Säure der Äpfel)*
200 g	*Quark*
30 g	*Rosinen*

- Äpfel schälen und fein hobeln.
- Mit Zitronensaft, Zucker, Zimt, Quark und gewaschenen Rosinen vermengen.
- Füllen wie im Grundrezept angegeben.

Tipp

Man kann auch noch Sonnenblumenkerne zur Füllung geben und den Teig damit bestreuen.

Pro Portion: 446 kcal, 1873 kJ, 12,6 g EW, 8,8 g F, 63,6 g KH, 4,4 g B

Pfannkuchen mit Himbeeren

2 Portionen:

50 g	*Weizenmehl*
100 ml	*Milch*
1	*Ei*
	Salz
2 TL	*Margarine*
200 g	*Himbeeren (gefroren oder frisch)*
10 g	*Speisestärke*

- Mehl mit Milch, Salz und Ei gut verrühren (mit Handrührgerät oder Schneebesen).
- Eine beschichtete Pfanne erhitzen, etwas Margarine hineingeben und etwa 4–5 dünne Pfannkuchen backen.
- Himbeeren mit wenig Wasser (ca. 30 ml) kurz aufkochen.
- Speisestärke mit etwas Wasser anrühren, in die Himbeeren einrühren und nochmals kurz aufkochen.
- Pfannkuchen mit Himbeersoße anrichten und etwas Puderzucker darüber streuen.

Pro Portion: 279 kcal, 1172 kJ, 8,9 g EW, 13,2 g F, 29,1 g KH, 5,7 g Ba

Topfenschmarrn mit Apfelkompott

4 Portionen:

3	*Eier*
100 g	*Mehl*
1 Pr.	*Salz*
1/4 l	*Milch*
30 g	*Zucker*
100 g	*Quark*
30 g	*Margarine*
1/4 TL	*Sonnenblumenöl*

- Eigelb, Mehl, Salz und Milch mit dem Handrührgerät zu einem dünnen Teig aufschlagen und 30 Min. quellen lassen.

- Eiweiß zu steifem Schnee schlagen und währenddessen Zucker einrieseln lassen.
- Quark, Margarine und Eischnee unter den Teig heben.
- Teig in eine mit Öl erhitzte Pfanne laufen und goldgelb anbacken lassen, wenden und wieder anbacken lassen.
- Anschließend mit 2 Pfannenwendern in mundgerechte Stücke reißen.

Pro Portion: 272 kcal, 1142 kJ, 11,9 g EW, 12,4 g F, 28 g KH, 1 g B

Apfelkompott

Apfelkompott

4 mittlere	*Äpfel*	*1*	*Zimtstange*
100 ml	*Wasser*		*Zitronensaft*

- Äpfel waschen, schälen, in Achtel schneiden und mit Zitronensaft beträufeln.
- Wasser mit der Zimtstange aufkochen lassen und die Apfelscheiben zugeben.
- Etwa 10 Min. leicht köcheln lassen, dann abkühlen und Zimtstange herausnehmen.
- Je nach Wunsch Apfelmasse fein pürieren oder als Kompott in Stückchen lassen.

Tipp

Apfelkompott mit Zucker abschmecken. Es sollte aber immer etwas säuerlich schmecken.

Pro Portion: 54 kcal, 225 kJ, 0,3 g EW, 0,6 g F, 11,4 g KH, 2 g B

Crêpes Suzette

4 Portionen:

250 ml	*Milch*
100 g	*Mehl*
2	*Eier*
1 Prise	*Salz*
2 TL	*Zucker*
2 EL	*Butter*
2	*Orangen (unbehandelt)*
	Salz

- Mehl in eine Schüssel sieben, in die Mitte eine Mulde formen, 1 Ei und 1 Eigelb hineingeben, steif geschlagenes Eiweiß kalt stellen.
- Salz und $^1/_2$ TL Zucker zugeben, verrühren und lauwarme Milch langsam unterrühren. Es sollen sich keine Klümpchen bilden, der Teig muß dünnflüssig sein. Anschließend 60 Min. ruhen lassen.
- Geschlagenes Eiweiß vorsichtig unter den Teig heben.
- In einer kleinen beschichteten Pfanne etwas Butter zerlassen, etwas Teig hineingeben, sehr dünn auf beiden Seiten hellbraun ausbacken, zusammenfalten und warm stellen.
- Mit dem restlichen Teig ebenso verfahren.
- Orangen heiß waschen, Schale abreiben und Saft auspressen.
- In einer beschichteten Pfanne 1 EL Butter erhitzen (nicht bräunen), restlichen Zucker zugeben, leicht karamellisieren lassen, Orangenschale und Saft dazugeben.
- Soße über die Crêpes geben und heiß servieren.

Pro Portion: 252 kcal, 1052 kJ, 8,3 g EW, 10,4 g F, 30,8 g KH, 1,2 g B

Spätzle–Grundrezept

4 Portionen:

250 g	*Mehl*
250 g	*Vollkornmehl*
250 ml	*Milch*
5	*Eier*
	Salz, Muskat

- Mehl, Milch, Eier, eine Prise Salz und etwas Muskat mit dem Handrührgerät gut verrühren und 10 Min. quellen lassen.
- Großen Topf mit viel Wasser zum Kochen bringen und Spätzle hineinhobeln.
- Wenn Spätzle oben schwimmen, kurz durchziehen lassen, abseihen und kalt abschrecken.

Je 100 g: 222 kcal, 932 kJ, 9,6 g EW, 4 g F, 36 g KH, 2,3 g B

Hefeteig (süß) – Grundrezept

6 Portionen:

500 g	*Mehl*
1 Prise	*Salz*
20 g	*Hefe (frisch)*
50 g	*Zucker*
50 g	*Margarine*
¼ l	*lauwarme Milch*
1	*Ei*
	Zitronenschale von einer unbehandelten und gewaschenen Zitrone

- Salz unter das Mehl mischen und in eine Rührschüssel geben.
- Eine Mulde bilden, Hefe und Zucker zufügen und mit 3 EL lauwarmer Milch verrühren.
- Frischhefe ca. 10 Min. ruhen lassen.
- Anschließend den restlichen Zucker, das Ei und die Zitronenschale zugeben.
- Unter Zugabe der restlichen Milch den Teig mit den Knethaken langsam kneten.
- Zum Schluss Margarine zugeben.
- Löst sich der Teig von der Schüssel, Teig kurz mit der Hand durchkneten.
- Eine runde Kugel formen, etwas einmehlen und wieder abgedeckt an einem warmen Platz ruhen lassen, bis sich sein Volumen verdoppelt hat.
- Den Teig nochmals gut durchkneten und je nach Wunsch verarbeiten.
- Backen bei 200 °C – 225 °C ca. 20 – 30 Min.

Pro Portion: 240 kcal, 1008 kJ, 6,6 g EW, 5,3 g F, 41 g KH, 2 g B

Kartoffel-Grundteig

4 Portionen:

500 g	*Kartoffeln (mehlig kochend)*
100 g	*Mehl*
1	*Ei*
	Salz, Muskat

- Kartoffeln schälen, ca. 20 Min. weich kochen und abgießen.
- Die noch warmen Kartoffeln durchpressen oder mit einem Kartoffelstampfer drehend zerdrücken.
- In die ausgekühlten Kartoffeln Ei und Mehl unterkneten und mit Salz und Muskat abschmecken.

Pro Portion: 190 kcal, 796 kJ, 6,8 g EW, 1,9 g F, 36,3 g KH, 3,6 g B

Quarkölteig – Grundrezept

4 Portionen:

150 g	*Quark*
50 g	*Zucker (oder 1 Prise Salz)*
6 EL	*Öl*
6 EL	*Milch*
300 g	*Mehl*
10 g	*Backpulver*

- Backpulver und Zucker unter das Mehl mischen.
- Quark mit Öl und der Milch zu einer gebundenen Masse rühren.
- Das Mehl-Zucker-Gemisch mit dem Knethaken des Handrührgerätes unterkneten.
- Der Teig soll sich von der Schüssel lösen.

Pro Portion: 270 kcal, 1134 kJ, 6,9 g EW, 11,9 g F, 34,3 g KH, 1,5 g B

Strudelteig – Grundrezept

4 Portionen:

200 g	*Mehl*
100 ml	*lauwarmes Wasser*
2 EL	*Öl*
1/4 TL	*Essig*
	Salz

- Zutaten mit den Knethaken des Handrührgerätes zu einem glatten, geschmeidigen Teig kneten.
- Teig zu einer Kugel formen, die Oberfläche mit Öl bestreichen und zugedeckt bei Zimmertemperatur 1 Stunde ruhen lassen.
- Geschirrtuch ausbreiten, mit Mehl bestäuben und Strudelteig auf Tuch gleichmäßig dünn ausrollen.
- Teig mit Öl bestreichen, Semmelbrösel darüber streuen und Füllung auf das erste Drittel des Teiges verteilen.
- Strudel von der Längsseite her anrollen und des Geschirrtuch so anheben, dass sich der Strudel dabei von selbst aufrollt.
- Den Strudel mit der Naht nach unten in eine gefettete Kastenform legen.
- Mit Milch bepinseln.
- Bei 190 °C 25 Min. backen.
- Während des Backens etwas Milch darüber gießen.

Pro Portion: 235 kcal, 990 kJ, 5,3 g EW, 8 g F, 35,5 g KH, 2 g B

Register

Abwehrreaktion *30*
Alkohol *24*
Allergie *29*
Amine *19*
Aminoxidase-Hemmer *21*
Aura *12*
Auslassdiät *31*

Ballaststoffe *38*
Biogene Amine *22, 52*
Blutzuckerabfall *36*
Blutzuckerspiegel *36*
Botenstoffe *11*
B-Vitamine *46*

Diätbeobachtungen *33*

Eiweißmast *44*
Enzymhemmende Medikamente *22*
Essgewohnheiten *36*
Essig *24*

Farbstoffe *27*
Fasten *39*
Fettsäuren *49*
Fisch *26*
Fischöl *51*
Fleischextrakt *26*
Flimmern *12*
Flüssigkeit *39*

Gemüse *25*
Gewürze *27*
Glückshormone *41*

Hausmittel *28*
Hefeextrakt *26*
Heißhunger *11*
Histamin *20*
Histaminliberatoren *23*
Hülsenfrüchte *25*

Individuelle Auslöser *33*
Innereien *25*
Insulin *36*

Kaffee *14, 28*
Käse *19*
Käse *24*
Kohlenhydrate *42*
Kohlenhydrathunger *44*
Konservierungsstoffe *27*

Leistungskurve *38*

Magnesium *44*
Meeresfrüchte *26*
Migräneauslöser *13, 23*
Migränetagebuch *15*
Migränetrigger *13*
Mineralstoffe *48*
Mononatriumglutamat *26*

Nahrungsmittelallergien *29*
Nitritpökelsalz *27*
Nüsse *25*

Obligoallergene Diät *32*
Obst *26*
Öl *50*

Pflanzliche Öle *50*
Polenallergien *29*

Reizverarbeitung *10*
Rohwurst *25*
Rotwein *19*

Salz *27*
Schmerz *47*
Schmerzempfinden *42*
Schokolade *11*
Schokolade *19*
Schokolade *25*
Serotonin *20*
Süßigkeiten *37*
Süßstoff *27*

Tee *28*
Therapieverfahren *15*
Tryptophan *42*

Übersäuerung *40*
Unterzucker *36*
Unverträglichkeitsreaktionen *19*

Vegetarier *51*
Vitamin B2 *46*

Wechselduschen *14*

Zitronensaft *28*
Zuckerkonsum *36*
Zutatenliste *35*